대한민국 국적취득

귀화
면접심사

면접심사 완벽한 대비

핵심이론 + 핵심유형 익히기 문제

면접심사 실전 대비 문제 수록

귀화 면접심사

 면접심사

01 면접심사 개요

① 목적 : 대한민국 국민으로서 기본소양 요건 심사

② 대상 : 면접 면제대상자*를 제외한 모든 귀화허가 신청자

> **＊ 면접 면제대상자**
> * 국적을 회복한 사람의 배우자로서 60세 이상인 시람
> * 귀화허가 신청 당시 15세 미만인 사람
> * 사회통합프로그램 5단계 수료 후 종합평가 합격자
> * 독립유공자의 후손
> * 독립유공자 · 국가유공자의 직계존비속의 배우자로서 60세 이상인 사람
> * 국적판정을 받은 사할린동포의 배우자로서 60세 이상인 사람
>   ※ 단, 국적판정을 받은 후 혼인한 배우자는 제외
> * 국적판정을 받은 사할린동포의 자녀로서 간이귀화 또는 특별귀화허가 신청한 60세 이상인 사람

③ 면접관(2인 1조) : 귀화 민간면접관 위촉 및 처우에 관한 규정에 따라 위촉된 면접관 2명이 1조로 면접심사 실시

④ 귀화허가신청자에게 면접심사 응시기회는 총 2회가 주어지며, 2회 모두 불합격(불참)하는 경우 귀화허가 신청 불허

02 면접심사 평가 구성

① 한국어 능력

> **평가** 면접 시 질문을 이해하고 대답할 정도의 수준 보유 여부
>
> **방식** 면접대상자는 면접관이 제시하는 한국 교육 및 전통, 사회적 이슈에 대한 지문을 큰소리로 읽고 지문 내용과 관련한 면접관의 질문에 답변

신지원 유통관리사 시리즈

- 한권합격 : 테마별 핵심이론 ➔ 대표 기출문제 ➔ 실전모의고사
- 기출문제집 : 2024~2022 3개년 기출문제 및 해설 수록

신지원 물류관리사 시리즈

기본서

- '기초개념 ➔ 전문내용 ➔ 신유형'의 3단계 구성
- 경향파악 ➔ 기출&실력 다잡기로 정리

핵심요약집 / 단기완성 / 최종모의고사 / 기출문제집

- 과목별 핵심이론 + 대표기출문제 수록
- 개정 법률 등 개정사항 완벽 반영
- 최종모의고사 : 출제 맞춤형 모의고사 5회분 수록
- 기출문제집 : 2024~2020 기출문제 및 해설 수록

교재구입문의 02) 2013-8081
www.**sinjiwon**.co.kr

2025

유통관리사

3급 한번에 패스

Since 2006
유통물류분야
19년 전통

최신
출제기준
완벽반영

유통관리사 3급 한번에 패스

편저 변달수 | **발행인** 최현동 | **발행처** 신지원
전화 (02)2013-8080 | **팩스** (02)2013-8090 | **등록** 제16-1242호
주소 07532 서울특별시 강서구 양천로 551-17, 813호(가양동, 한화비즈메트로 1차)
※ 본서의 독창적인 부분에 대한 무단 인용 · 전재 · 복제를 금합니다.

13320

ISBN 979-11-6633-534-1
정가 24,000원

법무부
주관 | 공인 교재 반영

대한민국 국적취득

귀화
면접심사

면접심사 완벽한 대비

귀화시험연구소 편저

핵심이론 + 핵심유형 익히기 문제

면접심사 실전 대비 문제 수록

신지원

귀화
면접심사

태극기

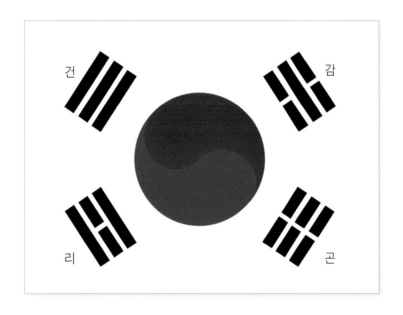

국기에 대한 맹세문

나는 자랑스런 태극기 앞에
자유롭고 정의로운 대한민국의
무궁한 영광을 위하여
충성을 다할 것을 굳게 다짐합니다.

② 대한민국 국민의 자세

평가 한국인으로서의 자부심, 국민의 권리 및 의무에 대한 인식, 귀화 후 삶의 계획 등

방식 "대한민국 국민의 자세"와 관련한 5문제

③ 자유민주적 기본질서에의 신념

평가 자유민주주의 체제 인정 및 국민주권주의 개념 인식 여부

방식 "자유민주적 기본질서에의 신념"과 관련한 5문제

④ 국민으로서의 기본소양

평가 한국 사회 적응에 필요한 "역사 · 문화 · 풍습 · 상식"에 관한 소양

방식 "국민으로서의 기본소양"과 관련한 5문제

⑤ 애국가 가창 여부

평가 애국가를 음정 · 박자 · 가사 등을 정확히 하여 부를 줄 알아야 함.

방식 면접관 앞에서 선 자세로 힘차게 애국가를 제창

판정기준

▶ 원칙 : 1절을 부를 줄 알아야 함.
- 음정, 박자, 가사 등을 종합적으로 고려하여 면접관 2인 모두 '적합'으로 평가한 경우에 한해 애국가 가창 인정
- 적합 여부 판정이 곤란할 경우 해당자의 면접심사가 끝난 이후 시간을 추가로 주고 한 번의 기회를 부여한 후 적합 여부 판정

▶ 예외 : 가사를 알고 있으나 장애, 음치 등으로 가창이 어렵다고 판단되는 경우 가사를 암송하게 하거나 손으로 쓰게 하여 평가

⑥ 예의 및 태도

평가 단정한 복장 및 면접심사에 임하는 자세, 성실하고 진지한 태도 등을 평가

판정기준

▶ 면접심사에 임하는 자세 및 태도, 옷차림새(복장), 인격적 성숙도, 품행단정 여부 등 확인

▶ 면접시간 동안 불손한 태도를 보이거나 면접관에게 모욕을 주는 등의 행위를 하는 경우 부적합 처리 가능

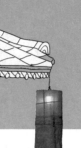

귀화 면접심사

03 면접심사 최종 평가 기준

① 각 영역별로 5개를 질문, 각 영역에서 40점 이상이고, 전체 평균이 60점 이상이면 적합 판정

※ 전체 평균이 60점 이상이면 일부 영역별 점수가 40점이더라도 그 영역을 적합으로 처리 (단, 전체 평균이 60점 미만인 경우는 점수가 40점인 영역에 대하여 부적합으로 처리)

② 국어능력, 애국가 가창, 예의 및 태도 : 각 영역별로 미비하거나 불량한 경우 부적합으로 처리

③ 최종 평가 기준

질문지가 있는 영역(대한민국 국민의 자세, 자유민주적 기본질서에의 신념, 국민으로서의 기본소양), 국어능력, 애국가 가창, 예의 및 태도 중 한 개 항목에서 부적격 판정받은 경우 해당 면접심사는 최종 부적합 판정됨.

04 면접심사 시 지켜야 할 사항

① 신분증 지참 : 여권이나 외국인등록증을 반드시 준비하고 면접에 응한다.

② 복장 : 단정하고 깨끗한 복장으로 임한다. 선글라스를 착용한다든가 옷이나 화장 등을 너무 튀게 하는 것은 눈에 거슬려 오히려 불이익을 받을 수 있다.

③ 자세 : 예의바르고 공손한 자세가 필요하다.

④ 답변 : 면접관의 질문을 정확히 이해하고 좀 느리더라도 정확한 발음과 자신감 있는 자세로 답변을 해야 한다.

이 책의 구성

핵심 총정리 -
중요 이론을 알기 쉽게 정리

핵심 유형 익히기 -
면접 심사 질문을 정답과
함께 수록

주요문제 ✪ 표기, 유제 수록 -
자주 출제되는 주요 문제에 ✪ 표기,
주요 문제는 반복학습 할 수 있도록
유제(비슷한 문제) 수록

● 귀화 면접심사 알고가기

**Part
02**

읽기와 말하기

애국가

보통빠르게　　　　　　　　　　　　　　　　　　　　　　안익태 작곡

1. 동 해 물 과 백 두 산 이　마 르 고 닳 도 록,
2. 남 산 위 에 저 소 나 무　철 갑 을 두 른 듯,
3. 가 을 하 늘 공 활 한 데　높 고 구 름 없 이,
4. 이 기 상 과 이 맘 으 로　충 성 을 다 하 여,

하 느 님 이 보 우 - 하 사　우 리 나 라 만　세.
바 람 서 리 불 변 - 함 은　우 리 기 상 일　세.
밝 은 달 은 우 리 - 가 슴　일 편 단 심 일　세.
괴 로 우 나 즐 거 - 우 나　나 라 사 랑 하　세.

(후렴)무 - 궁 화 삼 - 천 리　화 려 강 - 산.

대 한 사 람 대 한 - 으 로　길 이 보 전 하　세.

귀화 면접심사 알고가기

1. 귀화 면접심사 질문 예시
2. 귀화 면접심사 본보기문제

귀화
면접심사

귀화 면접심사 질문 예시

귀화허가 신청자의 면접심사 준비를 위하여 아래와 같이 평가 항목과 예시 질문을 알려드립니다.

01 한국어 능력
- 면접 시 질문을 이해하고 대답할 정도의 수준 보유 여부

02 대한민국 국민의 자세
- 국경일의 종류와 제정 의의
  - 대한민국에는 많은 국경일이 있습니다. ○○절(날)은 언제이고, 그날을 기념하는 이유는 무엇인가요?
- 일상생활에서 지켜야 할 예절
  - 대한민국에서 일상생활을 하면서 지켜야 할 예절은 어떤 것이 있나요?
- 권리와 의무
  - 대한민국 국민의 기본적 권리와 의무는 무엇인가요?
- 국가 상징
  - 대한민국을 상징하는 것은 무엇인가요?
- 한국인으로서의 자부심
  - 대한민국 내에서 역사적으로 중요한 장소(유적지)에 대해 설명해 보세요.

03 자유민주적 기본질서에의 신념
- 민주주의의 의미
  - 대한민국은 민주주의 국가입니다. 대한민국의 주권은 누구에게 있습니까?
- 민주주의의 실현
  - 민주주의를 실현하기 위해 국민들이 정치에 참여할 수 있는 방법으로 무엇이 있나요?

- 국가기관의 종류와 역할
  - 범죄를 예방·진압하고 치안을 유지하는 국가기관은 어디입니까?
- 국가기관의 종류와 역할
  - 대한민국의 중앙 행정기관(정부조직) 중 방역·검역 등 감염병에 관한 사무 및 각종 질병에 관한 조사를 하는 행정기관은 어디인가요?
- 국민의 의무
  - 다른 나라의 침략을 받을 경우 대한민국 국민이라면 어떻게 행동해야 하나요?

04 국민으로서의 기본소양

- 대한민국의 풍습
  - 배우자의 부모 등 가족을 부르는 호칭은 무엇인가요?
- 대한민국의 전통 의식주
  - 추석·설날 등 한국 명절을 대표하는 음식이나 놀이에 대해 말해 보세요.
- 대한민국의 역사
  - 일제 강점기에 우리나라 독립을 위해 희생한 독립운동가(애국지사) ○○○에 대해 말해 보세요.
- 대한민국의 전통가치와 연고
  - 우리나라 대표적인 놀이, 노래, 무예 등에 대해 설명해 보세요.
- 생활 상식
  - ○○가 아플 때는 어느 병원에 가야 하나요?

05 애국가 가창 여부

- 애국가를 음정·박자·가사 등을 정확히 하여 부를 줄 알아야 함.
- 면접관 앞에서 선 자세로 힘차게 애국가를 제창

06 예의 및 태도

- 단정한 복장 및 면접심사에 임하는 자세, 성실하고 진지한 태도 등을 평가

귀화 면접심사 본보기문제

애국가

01 애국가 4절 중 1절을 불러 보세요.

> **답변** 동해물과 백두산이 마르고 닳도록 하느님이 보우하사 우리나라 만세
>
> 무궁화 삼천리 화려 강산 대한 사람 대한으로 길이 보전하세

한국어 능력 _ 한국어 이해 및 말하기 능력

01 다음의 내용을 읽고 질문에 답하세요.

> 자연은 어머니의 따뜻한 품이자 우리의 영원한 안식처이다. 더 이상 무분별한 개발로 금수강산을 훼손해서는 안 된다. 자연 개발로 사라져 가는 동식물을 다시 이 땅으로 돌아오게 하여 더불어 살아야 한다. 지나친 개발 때문에 나타나는 지구 온난화와 이상 기후 현상이 더 이상 심해지지 않도록 노력하는 일도 우리 모두에게 남겨진 과제이다. 이제 우리 모두 자연 보호를 실천해야 한다.

- 지구 온난화와 이상 기후 현상이 나타나는 이유는 무엇인가요?
- 이 글에서 주장하는 내용이 무엇입니까?

> **답변** 지구 온난화와 이상 기후 현상이 나타나는 이유는 지나친 개발 때문입니다.
>
> 그리고 이 글에서 주장하는 내용은 우리 모두 자연 보호를 실천하자 입니다.

대한민국 국민의 자세

[국민의 4대 의무를 이해하고 있는지 여부]

01 대한민국이 다른 나라의 침략을 받는 경우 대한민국 국민으로서 어떻게 행동 하여야 합니까?

답변 국민의 4대 의무 중에 국방의 의무가 있습니다. 나라가 위기에 처해 있을 때 작지만 저의 힘을 보태서 나라를 지켜야 합니다.

[공동체 의식]

02 다른 사람과의 갈등을 겪을 경우에 자기의 생각과 다르면 무조건 반대하는 것이 맞다고 생각합니까?

답변 아니요. 그렇지 않습니다. 무조건 반대하는 것은 옳지 않고 상대방의 생각 도 존중해야 합니다.

[국경일 의미 : 국경일별 날짜와 제정 의의]

03 3·1절을 국경일로 제정한 이유는 무엇입니까?

답변 3·1절은 1919년 3월 1일, 일본의 식민통치에 항거하고, 독립선언서를 발 표하여 한국의 독립 의사를 세계만방에 알린 날인데, 이를 기념하기 위해 제정한 것입니다.

🖋 자유민주적 기본질서에의 신념

[민주주의의 의미]

01 민주주의 사회에서 국가의 주권이 국민과 정부 중 어디에 있다고 생각합니까?

> **답변** 🖋 국민에게 있습니다.

02 자유민주주의를 부정하고 무너뜨리려는 행동이 허용된다고 생각합니까?

> **답변** 🖋 아니요. 허용되지 않습니다.

03 민주주의 체제에서는 개인의 자유가 허용되는데, 이 자유는 책임이 따르지 않는 무제한적인 자유라고 생각합니까?

> **답변** 🖋 아닙니다. 자유는 반드시 책임이 따릅니다.

국민으로서 기본소양

[대중교통 이용 시 노약자석 의미 이해 여부]

01 버스나 지하철의 노약자석은 무엇입니까?

> **답변** 노약자석은 노인, 임산부, 장애인 등이 앉는 곳으로 이들에게 자리를 양보
> 해야 합니다.

[긴급전화 이해 여부]

02 불이 났을 때 신고 전화번호는 몇 번입니까?

> **답변** 119 : 화재(불), 응급환자 발생 신고
>
> 112 : 범죄신고(경찰서)   113(111) : 간첩신고(국가정보원)
>
> 114 : 전화번호 안내

[올바른 시민의 자세 이해 여부]

03 쓰레기를 아무 데나 버리는 것이 허용됩니까?

> **답변** 쓰레기는 반드시 종량제봉투에 담아 지정된 장소에 버려야 하며, 음식물,
> 플라스틱, 종이, 유리 등을 분리수거해야 합니다.

귀화
**면접
심사**

한국사회의 이해

귀화
면접심사

Chapter 01 대한민국(한국) 소개

01 한국의 상징

1. 대한민국의 국기와 국가

① **국가 이름** : 대한민국(Republic of Korea)을 한국으로 줄여서 부르는데, 이 국호는 1948년부터 사용되었다.

② **국기**(태극기)

    ㉠ 대한민국의 국기인 태극기에는 평화와 화합의 상징이 담겨 있다.

    ㉡ 태극기는 흰색 바탕에 빨강과 파랑의 태극 문양이 중앙에 있고, 모서리에 검은색의 4괘가 있다.

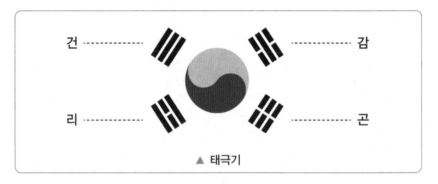

▲ 태극기

    ㉢ 흰색 바탕 : 밝음과 순수, 평화에 대한 사랑을 의미한다.

    ㉣ 태극 문양 : 빨강은 존귀, 파랑은 희망을 나타내고, 빨강과 파랑이 합쳐진 것은 조화로운 우주를 표현한다.

    ㉤ 건곤감리(乾坤坎離)의 4괘 : 각각 하늘(건), 땅(곤), 물(감), 불(리)을 의미하는 것으로 자연의 조화를 강조한다.

2. 국기에 대한 맹세와 국기의 게양

① 국기에 대한 경례와 맹세

　㉠ 국기에 대한 경례 : 국기를 향하여 선 후, 오른손을 펴서 왼쪽 가슴에 대고 국기를 바라본다.

　㉡ 국기에 대한 맹세

> 나는 자랑스러운 태극기 앞에 자유롭고 정의로운 대한민국의 무궁한 영광을 위하여 충성을 다할 것을 굳게 다짐합니다.

② 국기의 게양

　㉠ 경축일 또는 평일 : 5대 국경일과 국가기념일에 깃봉과 깃면의 사이를 떼지 않고 게양한다.

　㉡ 조의를 표하는 날 : 현충일, 국장 기간, 국민장일 등에는 깃봉과 깃면의 사이를 깃면의 너비(세로)만큼 내려 조기로 게양한다.

3. 한국의 국가 : 애국가

① 나라를 사랑하는 마음을 담은 노래로 한국을 상징하는 역할을 해옴.

② 1900년대 초에 만들어진 애국가는 전체 4절로 구성

> 1절 : 동해물과 백두산이 마르고 닳도록 하느님이 보우하사 우리나라 만세
> 2절 : 남산 위에 저 소나무 철갑을 두른 듯 바람서리 불변함은 우리 기상일세
> 3절 : 가을 하늘 공활한데 높고 구름 없이 밝은 달은 우리 가슴 일편단심일세
> 4절 : 이 기상과 이 맘으로 충성을 다하여 괴로우나 즐거우나 나라 사랑하세
> **후렴(각 절마다)** : 무궁화 삼천리 화려강산 대한사람 대한으로 길이 보전하세

4. 한국의 국화와 문자

① 국화 : 무궁화

> ㉠ 의미 : 영원히 피고 또 피어서 지지 않는 꽃
> ㉡ 개화 시기 : 7월~10월
> ㉢ 한국의 국가 문장 : 무궁화와 태극기를 기초로 하여 만들어짐.

▲ 무궁화

② 한국의 문자 : 한글
  ㉠ 창제 시기 : 1443년에 조선의 세종대왕이 만듦.
  ㉡ 형태 : 자음(14개)과 모음(10개)을 결합하여 하나의 글자를 이루는 과학적인 문자
  ㉢ 한글을 만든 목적과 원리를 담고 있는 훈민정음 해례본은 유네스코(UNESCO) 세계 기록유산에 등재됨.

5. 5대 국경일과 주요 기념일

① 5대 국경일
  ㉠ 3월 1일(삼일절) : 일제의 지배에 저항하여 일어난 독립 만세 운동을 기념하는 날
  ㉡ 7월 17일(제헌절) : 1948년 대한민국 최초의 헌법이 제정된 날을 기념하는 날
  ㉢ 8월 15일(광복절) : 1945년 일본의 지배에서 벗어나 독립한 것을 기념하는 날
  ㉣ 10월 3일(개천절) : 한국 최초의 국가인 고조선이 만들어진 것을 기념하는 날
  ㉤ 10월 9일(한글날) : 세종대왕이 훈민정음(한글)을 만든 것을 기념하는 날
  ※ 한국의 5대 국경일은 제헌절을 제외하고는 모두 공휴일이다.

② 주요 기념일

    ㉠ 4월 5일(식목일) : 나무 심기를 통해 국민의 나무 사랑 정신을 북돋우고, 산지의 자원화를 위해 제정한 기념일

    ㉡ 5월 5일(어린이날) : 어린이에 대한 관심과 사랑을 함양하기 위하여 지정한 날로, 부모와 자녀들이 함께 즐길 수 있는 여러 가지 행사가 열림.

    ㉢ 5월 8일(어버이날) : 조상과 어버이에 대한 은혜를 일깨우고자 제정한 기념일

    ㉣ 6월 6일(현충일) : 나라를 위해 헌신한 사람들의 넋을 기리는 날. 가정에서는 조기를 게양함.

    ㉤ 10월 1일(국군의 날) : 한국 군대의 창설과 발전을 기념하여 정한 날

KIIP 핵심 유형 익히기

01 한국의 정식 국명(국호)은 무엇입니까?

> [답변] 대한민국(Republic of Korea)입니다.

02 한국을 상징하는 국기의 이름은 무엇입니까?

> [답변] 대한민국의 국기는 '태극기'입니다.

03 한국의 국기인 '태극기'는 어떻게 구성되어 있는지 설명해 보세요.

> [답변] 한국의 국기인 '태극기'는 흰색 바탕에 가운데 태극 문양과 네 모서리의 건곤
> 감리(乾坤坎離) 4괘(四卦)로 구성되어 있습니다.

04 태극기의 4괘가 무엇인지 설명해 보세요.

> [답변] 4괘는 건(하늘, 天), 곤(땅, 地), 감(물, 水), 리(불, 火)입니다.

> [유제] **태극기의 태극 문양의 주변에 있는 건곤감리를 설명해 보세요.**
> > [답변] 태극 문양의 주변에 있는 4괘는 각각 하늘(건), 땅(곤), 물(감),
> > 불(리)을 의미하는 것으로 자연의 조화를 강조합니다.

05 태극기의 흰색 바탕이 갖는 의미를 설명해 보세요.

답변 태극기의 흰색 바탕은 밝음과 순수 그리고 전통적으로 평화를 사랑하는 우리의 민족성을 나타내고 있습니다.

06 태극기의 중앙에 있는 태극 문양이 갖는 의미를 설명해 보세요.

답변 중앙에 있는 태극 문양 중 빨강은 존귀, 파랑은 희망을 나타내고, 빨강과 파랑이 합쳐진 것은 조화로운 우주를 표현합니다.

07 대한민국을 상징하는 것을 말해 보세요.

답변 태극기, 한글, 무궁화, 한복, 한옥, 김치 등이 있습니다.

08 국경일이나 국가기념일 아침에 가장 먼저 해야 하는 일은 무엇입니까?

답변 한국에서는 국경일이나 국가기념일에 태극기를 자신의 집 대문이나 창가에 다는 것이 일반적입니다.

09 현충일이나 국장 기간에 태극기를 게양하는 방법을 설명해 보세요.

답변 현충일, 국장 기간, 국민장일 등 조의를 표하는 날에는 깃봉과 깃면의 사이를 깃면의 너비(세로)만큼 내려 조기로 게양합니다.

10 한국에서 중요한 행사를 할 때 태극기에 대하여 경례를 하는 방법에 대해 설명해 보세요.

> **답변** 국기를 향하여 선 후, 오른손을 펴서 왼쪽 가슴에 대고 애국가가 나오는 동안 국기를 바라봅니다.

11 한국에서 중요한 행사를 할 때 이루어지는 국기에 대한 맹세를 말해 보세요.

> **답변** 나는 자랑스러운 태극기 앞에 자유롭고 정의로운 대한민국의 무궁한 영광을 위하여 충성을 다할 것을 굳게 다짐합니다.

12 한국을 상징하는 노래의 이름과 뜻을 설명해 보세요.

> **답변** 애국가로 '나라를 사랑하는 마음을 담은 노래'라는 의미를 가지고 있습니다.

13 대한민국 애국가의 작곡가는 누구입니까?

> **답변** 1936년에 안익태가 작곡하여 1948년 8월 15일 정부 수립과 함께 대한민국 국가로 불리게 되었습니다.

✪ 14 대한민국의 국화는 무엇입니까?

〔답변〕 무궁화(無窮花)입니다.

〔유제〕 예로부터 우리 민족의 사랑을 받아온 대한민국을 상징하는 꽃은 무엇입니까?

〔답변〕 무궁화(無窮花)입니다.

✪ 15 대한민국을 상징하는 꽃으로 '영원히 피고 또 피어서 지지 않는 꽃'이라는 뜻을 가진 꽃은 무엇입니까?

〔답변〕 무궁화(無窮花)입니다.

〔유제〕 무궁화가 가진 뜻을 설명해 보세요.

〔답변〕 대한민국을 상징하는 꽃으로 '영원히 피고 또 피어서 지지 않는 꽃'이라는 뜻을 지니고 있습니다.

✪ 16 '백성을 가르치는 바른 소리'라는 뜻의 한글의 옛 이름은 무엇입니까?

〔답변〕 훈민정음입니다.

〔유제〕 한글의 처음 이름인 '훈민정음(訓民正音)'의 뜻은 무엇입니까?

〔답변〕 '백성을 가르치는 바른 소리'라는 뜻입니다.

17 세종대왕이 한글을 만든 이유는 무엇입니까?

> 답변 세종대왕은 백성들이 글을 제대로 쓰지 못하는 것을 안타깝게 여겨, 누구나 쉽게 배우고 쓸 수 있는 훈민정음(한글)을 만들게 되었습니다.

18 한국의 5대 국경일을 나열해 보세요.

> 답변 3월 1일(삼일절), 7월 17일(제헌절), 8월 15일(광복절), 10월 3일(개천절), 10월 9일(한글날)입니다.

✿
19 일제의 식민 지배에 저항하여 1919년 3월 1일 전국적으로 독립 만세 운동이 일어난 날을 기념하는 날은 무엇입니까?

> 답변 삼일절(3월 1일)입니다.

> 유제 **삼일절에 대해 설명해 보세요.**
>
> > 답변 일제의 식민 지배에 저항하여 1919년 3월 1일 전국적으로 독립 만세 운동이 일어난 날을 기념하는 날입니다.

20 국경일 외에 다른 기념일 중 나무 심기를 통해 국민의 나무 사랑 정신을 북돋우기 위해 제정한 기념일은 무엇입니까?

> 답변 식목일(4월 5일)입니다.

21 1948년 7월 17일 대한민국 최초의 헌법을 제정하고 공포한 것을 기념하는 날은 무엇입니까?

답변 제헌절(7월 17일)입니다.

> **유제** 제헌절에 대해 설명해 보세요.
>
> **답변** 1948년 7월 17일 대한민국 최초의 헌법을 제정하고 공포한 것을 기념하는 날입니다.

22 1945년 8월 15일 한국이 일본의 식민 지배에서 벗어나 독립을 맞이한 것을 기념하는 날은 무엇입니까?

답변 광복절(8월 15일)입니다.

> **유제** 광복절에 대해 설명해 보세요.
>
> **답변** 1945년 8월 15일 한국이 일본의 식민 지배에서 벗어나 독립을 맞이한 것을 기념하는 날입니다.

23 어린이날(5월 5일)에 대해 설명해 보세요.

답변 어린이의 인격을 소중히 여기고, 어린이의 행복을 도모하기 위해 제정한 기념일입니다.

✪
24 어린이날을 만든 사람은 누구입니까?

　　답변 방정환입니다.

25 조상과 어버이에 대한 은혜를 일깨우고자 제정한 기념일은 언제입니까?

　　답변 어버이날(5월 8일)입니다.

✪
26 현충일에 대해 설명해 보세요.

　　답변 한국전쟁 전사자들을 비롯하여 국가를 위해 목숨을 바친 이들을 기리기 위해
　　제정한 날로 6월 6일입니다.

　　　　유제 한국전쟁 전사자들을 비롯하여 국가를 위해 목숨을 바친 이들을
　　　　기리는 날은 언제입니까?
　　　　　답변 현충일(6월 6일)입니다.

27 10월 1일 국군의 날은 어떤 기념일입니까?

　　답변 한국 군대의 창설과 발전을 기념하여 제정한 기념일입니다.

02 한국의 수도와 화폐

1. 한국의 수도 : 서울특별시

① 서울은 대한민국의 수도로 정치, 경제, 문화, 교육의 중심지
② 많은 인구 : 대한민국 인구의 약 1/5이 서울에 집중되어 있음.
③ 국제 행사의 개최지 : 1986년 아시안 게임과 1988년 서울올림픽, 2010년 G20 서울 정상회의 등
④ 서울의 주요 장소

국회의사당	국회의원들이 정치를 의논하는 장소로 한국 민주주의의 상징이다.
남대문 시장	대표적인 종합시장으로 24시간 다양한 종류의 물건을 사고판다.
경복궁	조선 시대 왕이 살던 궁궐로 조선 왕조의 중심지 역할을 하였다.
명동거리	최신 유행 문화의 거리로 많은 젊은이들과 관광객들이 찾는다.
한강공원	한강 근처에 있는 공원으로 체육, 휴식의 공간을 제공한다. 전망이 좋고 유람선이 다닌다.

2. 한국의 화폐와 그 변화

① 동전

1원	▲ 무궁화	5원	▲ 거북선
10원	▲ 다보탑	50원	▲ 벼이삭
100원	▲ 이순신	500원	▲ 학(두루미)

② 지폐

▲ 천 원 – 퇴계 이황

▲ 오천 원 – 율곡 이이

▲ 만 원 – 세종대왕

▲ 오만 원 – 신사임당

③ 그 외의 결제 수단

 ㉠ 수표 : 10만 원 이상 큰 금액의 돈을 대신하여 은행에서 발행된 화폐. 사용 시 신분증을 제시하고 수표 뒷면에 이름과 연락처 등을 적는다.

 ㉡ 기타 : 신용카드, 체크카드, 모바일 간편 결제 서비스 등

KIIP 핵심 유형 익히기

01 조선 시대 한양이라고 불렸던 대한민국의 수도는 어디입니까?

> **답변** 서울로 정치, 경제, 문화의 중심지입니다.

02 특별시는 어디인가요?

> **답변** 서울특별시입니다.

03 국회의사당이 위치한 도시는 어디입니까?

> **답변** 서울입니다.

04 한국에서 사용되는 지폐의 종류에는 어떤 것들이 있습니까?

> **답변** 한국에서 사용되는 지폐는 천 원, 오천 원, 만 원, 오만 원권의 네 가지로 이
> 지폐 속에는 각각 한국을 대표하는 중요한 인물들이 나타나 있습니다.

05 100원 동전에 새겨진 인물은 누구입니까?

> **답변** 이순신 장군으로 임진왜란 당시 거북선을 제작했고 해전을 승리로 이끌어 일
> 본의 침략을 저지한 분입니다.

06 10원 동전에 새겨진 그림은 무엇입니까?

> **답변** 다보탑입니다. 다보탑은 경주 불국사에 있습니다.

07 한국의 화폐 단위는 무엇인지 말해 보세요.

> **답변** 대한민국의 화폐 단위는 원(won, ₩)입니다.

08 500원 동전에 새겨진 동물은 무엇입니까?

> **답변** 500원 동전에는 학(두루미)이 새겨져 있습니다.

09 시장에서 사용되는 동전의 종류를 모두 말해 보세요.

> **답변** 10원, 50원, 100원, 500원이 있습니다.

10 한국에서 가장 작은 단위의 지폐인 천 원권에 그려진 인물은 누구입니까?

> **답변** 퇴계 이황입니다.

11 한국의 오천 원권 화폐에 그려져 있는 인물은 누구입니까?

> **답변** 율곡 이이입니다.

12 한국의 만 원권에 그려져 있는 인물은 누구입니까?

> [답변] 세종대왕입니다.

13 한국의 화폐 종류에는 어떤 것들이 있나요?

> [답변] 동전, 지폐, 수표가 있습니다.

✪
14 우리나라 지폐에 그려진 인물 중 유일한 여성으로, 오만 원권에 인쇄되어 있는 인물은 누구입니까?

> [답변] 신사임당입니다.

> > [유제] 오만 원권에 인쇄되어 있는 인물은 누구입니까?
> > > [답변] 신사임당입니다.

15 10만 원 이상 큰 금액의 돈을 대신하여 은행에서 발행된 화폐는 무엇인가요?

> [답변] 수표로 사용 시 신분증을 제시하고 수표 뒷면에 이름과 연락처 등을 적습니다.

16 동전에는 어떤 그림들이 그려져 있는지 설명해 보세요.

> [답변] 1원(무궁화), 5원(거북선), 10원(다보탑), 50원(벼이삭), 100원(이순신), 500원[학(두루미)]입니다.

03   한국의 지형과 기후

1. 한국의 지형

① 한국의 산

㉠ 백두산(2,744m) : 한반도에서 가장 높은 산으로 천지호가 있으며, 중국과 북한의 경계에 있다.

㉡ 한라산 : 제주도에 있는 남한에서 가장 높은 산으로 백록담이 있다. 유네스코 세계 유산으로 지정되었다.

㉢ 설악산 : 강원도 속초, 인제, 양양에 걸쳐 있는 국립공원. 아름다운 경치로 늘 관광객이 많다.

② 유명한 섬

㉠ 제주도 : 한라산이 있는 섬으로 여자, 바람, 돌이 많아 삼다도라 부르며 국제 관광지로 유명하다.

㉡ 울릉도 : 화산활동에 의해 형성된 섬으로, 특산물로 오징어가 유명하다.

㉢ 독도 : 국토의 가장 동쪽에 있는 섬으로, 일본과의 영토 분쟁이 계속되고 있다.

㉣ 마라도 : 대한민국의 가장 남쪽에 있는 섬이다.

③ 한국의 바다

㉠ 한반도 : 삼면이 바다인 한국은 동쪽, 남쪽, 서쪽이 바다로 둘러싸여 있으며, 한 곳만 육지로 연결되어 있다.

㉡ 동해안 : 해안선이 비교적 단순하고 수심이 깊다. 모래사장이 발달하였으며, 섬이 거의 없다.

㉢ 남해안, 서해안 : 해안선이 복잡하고 섬이 많다.

㉣ 넓은 갯벌(세계 5대 갯벌) : 밀물과 썰물이 드나드는 바닷가나 강가의 넓고 평평하게 생긴 땅으로 다양한 동식물이 살아가는 곳이다.

④ 한국의 강

　ⓐ 한강 : 강원도에서 시작하여 서울을 가로지르는 강으로 서해로 흘러간다.

　ⓑ 압록강과 두만강 : 한반도는 북서쪽으로 압록강을 경계로 중국과 경계를 이루고, 북동쪽으로는 두만강을 경계로 중국 및 러시아와 마주하고 있다.

　ⓒ 낙동강 : 강원도에서 시작하여 남해로 흘러드는 대한민국에서 가장 긴 강이다.

　ⓓ 금강 : 전라북도에서 시작하여 전라북도와 충청남도의 경계를 이루는 강이다.

2. 한국의 기후

① 한국의 4계절

계절	기간	특성	현상
봄	3~5월	포근하고 따뜻함.	진달래, 벚꽃 등 꽃놀이 즐김.
		황사	마스크 준비
		꽃샘추위	두꺼운 옷
여름	6~8월	무덥고 습함.	열대야, 피서
		집중호우, 태풍, 장마	비가 많이 내림.
가을	9~11월	화창하고 건조함.	추수, 낙엽, 단풍놀이
겨울	12~2월	춥고 건조하며 눈이 내림.	눈썰매, 스키
			김장을 담금.

② 계절에 따른 기후 현상

　ⓐ 꽃샘추위 : 이른 봄철, 날씨가 풀린 뒤 다시 일시적으로 추워지는 것을 말한다.

　ⓑ 황사 : 사막 지역의 작은 모래나 먼지가 하늘에 떠다니다가 바람을 타고 멀리까지 날아가 떨어지는 현상을 말한다.

ⓒ 태풍 : 북서태평양에서 발생하는 강력한 열대성 저기압으로 많은 비와 강한 바람이 발생한다.

ⓔ 장마 : 6월 하순에서 7월 하순 사이에 많은 비가 지속적으로 내리는 것으로 장마전선 때문에 나타난다.

3. 한국의 주요 지역

① 서울의 4대문과 5대 궁궐
  ㉠ 서울의 4대문 : 동대문(흥인지문), 서대문(돈의문), 남대문(숭례문), 북대문(숙정문)
  ㉡ 서울의 5대 궁궐 : 경복궁, 창덕궁, 창경궁, 경희궁, 덕수궁

② **부산** : 한국의 제2의 도시로 해운대(국내 최대의 해수욕장)가 있고, 아시안 게임, 부산 국제영화제(BIFF) 개최

③ **인천** : 한국의 대표적인 항구도시로 인천국제공항은 한국 최대의 공항

④ **경주** : 신라 시대의 수도로 불교 예술과 많은 문화유산(석굴암, 불국사)이 위치함.

⑤ **세종** : 주요 행정기관 이전으로 행정의 새로운 중심지 역할을 하고 있는 곳

⑥ **광주** : 광주 시민이 중심이 되어 전개한 5·18 민주화 운동이 일어난 곳

4. 지역마다 다른 관광명소와 축제

지역		관광명소	축제
수도권		• 청와대, 국회의사당 • 명동, 남대문시장, 청계천 • 강화도 갯벌	• 하이 서울 페스티벌 • 서울무형문화재 축제 • 이천 세계 도자기 엑스포 • 고양 국제 꽃 박람회
강원 충청 지역	강원	해수욕장(경포대, 낙산, 망상)	• 경포대 해돋이 축제 • 태백산 눈꽃 축제
	충청	석회암 동굴(고수굴, 천동굴)	• 백제 문화제 • 보령 머드 축제
경상 전라 지역	경상	창녕 우포늪	• 통영 한산 대첩 축제 • 진해 군항제 • 안동 국제 탈춤 페스티벌 • 울릉도 오징어 축제
	전라	슬로 시티(증도, 청산도, 담양)	• 전주 세계 소리 축제 • 남도 음식 문화 큰잔치 • 남원 춘향제

KIIP 핵심 기출 유형 익히기

01 대한민국을 '한반도'라고도 부르는데 무슨 뜻인가요?

> 답변 반도는 지리적으로 삼면이 바다로 둘러싸이고 한 곳이 육지로 연결된 곳을 말합니다. 대한민국의 반도라고 해서 '한반도'라고 하는 것입니다.

02 남북한을 통틀어 한반도에서 가장 높은 산은 무엇입니까?

> 답변 백두산입니다.

03 대한민국에서 가장 높은 산의 이름과 이 섬이 있는 곳은 어디입니까?

> 답변 남한에서 가장 높은 산인 한라산은 남쪽 바다의 섬 제주도에 있습니다.

04 제주도에 있는 남한에서 가장 높은 산은 무엇입니까?

> 답변 한라산입니다.

05 대한민국의 가장 남쪽에 있는 섬은 무엇입니까?

> 답변 마라도입니다.

06 독도는 어느 나라 영토입니까?

> **답변** 독도는 역사적, 지리적, 국제법적으로 명백한 대한민국 고유의 영토입니다.

07 국토의 가장 동쪽에 있는 섬으로 일본과의 영토 분쟁이 계속되고 있는 섬은 어디입니까?

> **답변** 독도입니다.

08 외교 교섭이나 사법적 해결의 대상이 될 수 없으며, 우리 정부가 확고한 영토 주권을 행사하고 있는 곳은 어디입니까?

> **답변** 독도입니다.

09 대한민국 천연기념물 제336호로 조류와 다양한 해양생물의 서식지이며, 동해안에 날아드는 철새들의 중간 기착지이기도 한 곳은 어디입니까?

> **답변** 독도입니다.

10 화산활동에 의해 형성된 섬으로, 특산물로 오징어가 유명한 곳은 어디입니까?

> **답변** 울릉도입니다.

✪
11 독도가 위치한 바다는 어디입니까?

> **답변** 동해입니다.

12 대한민국의 서쪽, 동쪽, 남쪽의 바다 이름은 무엇입니까?

> **답변** 삼면이 바다인 한국은 서쪽으로 황해, 동쪽으로 동해, 남쪽으로 남해에 의해
> 둘러싸여 있습니다.

✪
13 서해안과 남해안에 발달되어 있으며, 플랑크톤이 풍부하여 다양한 동식물이
사는 평평하게 생긴 땅을 무엇이라 합니까?

> **답변** 갯벌입니다.

14 대한민국의 서울을 관통하는 강의 이름은 무엇입니까?

> **답변** 한강입니다.

15 한반도에서 가장 긴 강으로 중국과 경계를 이루는 강의 이름은 무엇입니까?

> **답변** 압록강입니다.

16 강원도에서 시작하여 남해로 흘러드는 대한민국에서 가장 긴 강의 이름은 무엇입니까?

답변 낙동강입니다.

17 전라북도에서 시작하여 전라북도와 충청남도의 경계를 이루는 강의 이름은 무엇입니까?

답변 금강입니다.

18 대한민국의 4계절을 설명해 보세요.

답변
- 봄은 3~5월, 포근하고 따뜻하고 꽃이 핍니다.
- 여름은 6~8월, 무덥고 습하며, 집중호우, 태풍, 장마 같은 기후 현상이 있습니다.
- 가을은 9~11월, 화창하고 건조하며, 곡식을 추수하고, 낙엽, 단풍놀이의 계절입니다.
- 겨울은 12~2월, 춥고 건조하며 눈이 내립니다.

유제 대한민국의 계절의 특징을 설명해 보세요.

답변 봄, 여름, 가을, 겨울의 4계절이 뚜렷한 온대기후입니다.

19 따뜻하고 꽃이 피며, 꽃샘추위가 있는 계절은 언제입니까?

　[답변]　봄입니다.

　　[유제]　대체로 포근하고 따뜻하지만, 종종 중국으로부터 황사가 불어오
　　는 경우가 있는 계절은 언제입니까?

　　　[답변]　봄입니다.

20 사막 지역의 작은 모래나 먼지가 하늘에 떠다니다가 바람을 타고 멀리까지 날아가 떨어지는 현상은 무엇입니까?

　[답변]　황사입니다.

　　[유제]　봄에 중국에서 작은 모래나 먼지가 하늘에 떠다니다가 바람을
　　타고 우리나라까지 날아와 떨어지는 현상을 무엇이라고 하나요?

　　　[답변]　황사입니다.

21 '꽃이 필 무렵의 추위'라는 뜻으로 이른 봄에 나타나는 추위를 무엇이라고 하나요?

　[답변]　꽃샘추위입니다.

✪ 22 무덥고 습하며 비가 많이 오고, 장마와 태풍이 오는 계절은 언제입니까?

> 답변 여름입니다.

> 유제 태풍과 장마가 나타나며, 무덥고 비가 많이 내리는 계절은 언제 입니까?
>
> > 답변 여름입니다.

✪ 23 여름철 많은 비가 지속적으로 내리는 것을 부르는 말은 무엇입니까?

> 답변 장마입니다.

> 유제 6월 하순에서 7월 하순 사이에 많은 비가 지속적으로 내리는 것 으로 장마전선 때문에 나타나는 것은 무엇입니까?
>
> > 답변 장마입니다.

✪ 24 강력한 열대성 저기압으로 많은 비와 강한 바람이 발생하는 것을 부르는 말은 무엇입니까?

> 답변 태풍입니다.

유제 북서태평양에서 발생하는 강력한 열대성 저기압으로 많은 비와
강한 바람이 발생하는 것은 무엇입니까?

답변 태풍입니다.

25 산에 단풍이 아름답게 들기 때문에 많은 사람들이 단풍 구경을 떠나는 계절은
언제입니까?

답변 가을입니다.

26 비가 많이 오지 않아 대체로 건조한 편이며 맑고 화창한 날씨를 많이 볼 수 있
는 계절은 언제입니까?

답변 가을입니다.

27 3일 동안 춥고 4일 동안 조금 덜 추운 날씨가 이어지는 기후 현상이 나타나는
계절은 언제입니까?

답변 삼한사온 현상으로 겨울입니다.

28 북쪽에서 불어오는 차가운 바람의 영향으로 춥고 건조한 계절은 언제입니까?

[답변] 겨울입니다.

☺
29 4대문의 옛 이름을 말해 보세요.

[답변] 동대문(흥인지문), 서대문(돈의문), 남대문(숭례문), 북대문(숙정문)입니다.

[유제] 서울의 주요 문화재로 조선 시대 한양 도성의 성문인 사대문의 이름을 말해 보세요.

[답변] 동대문(흥인지문), 서대문(돈의문), 남대문(숭례문), 북대문(숙정문)입니다.

30 대한민국의 수도인 서울에 남아 있는 5대 궁궐을 말해 보세요.

[답변] 경복궁, 창덕궁, 창경궁, 경희궁, 덕수궁입니다.

31 한국의 제2의 도시로 아시안 게임이 개최되었으며, 국내 최대의 해수욕장인 해운대가 있는 곳은 어디입니까?

[답변] 부산입니다.

32 신라 시대의 수도로 불교 예술과 문화유산이 많이 남아 있는 도시는 어디입니까?

　　　답변　경주입니다.

33 1980년 시민이 중심이 되어 전개한 5 · 18 민주화 운동이 일어난 도시는 어디입니까?

　　　답변　광주입니다.

✪
34 당신이 사는 지역의 관광지나 유적지를 소개하세요.

　　　답변　남대문, 경복궁, 인사동 등이 있습니다.

35 자신이 사는 곳의 유명한 관광지나 축제에 대해 말해 보세요.

　　　답변　아래의 사례와 같이 자신이 거주하는 지역의 관광명소와 지역 축제에 대해
　　　　알아둔다.
　　　　사례 1) 제가 사는 강원도의 태백산 눈꽃 축제는 눈꽃과 얼음의 아름다움을
　　　　　　　 감상하고 눈꽃등반대회, 설원미술제, 눈사람 체험 등을 즐길 수 있
　　　　　　　 는 축제입니다.
　　　　사례 2) 보령 머드 축제에서는 보령의 머드를 이용해 마사지 및 각종 놀이를
　　　　　　　 즐기는데 머드마사지와 머드씨름대회, 머드슬라이딩, 갯벌스키대회
　　　　　　　 등을 할 수 있습니다.

Chapter 02 한국의 역사

01　고조선의 건국

1. 한국 역사 속의 국가

연도	B.C. 2333년	676년	918년	1392년
사건	고조선 건국	신라 삼국 통일	고려 건국	조선 건국

1910년	1919년	1945년	1948년
일본 강제합병	상해 임시 정부	주권 회복	대한민국 정부 수립

2. 고조선

① **고조선의 건국** : 기원전 2333년 청동기 시대가 시작될 무렵 세워진 대한민국 최초의 국가

② **건국한 사람** : 단군왕검으로 하늘에 제사를 지내는 제사장을 뜻하는 '단군'과 정치 지배자를 뜻하는 '왕검'이 합쳐진 말임.

③ **도읍지와 건국 이념** : 아사달을 도읍으로 하여 나라를 세우고, '널리 인간을 이롭게 한다'라는 뜻의 홍익인간을 나라를 세운 정신으로 삼음.

④ **단군신화** : 환웅 부족과 곰 숭배 부족이 연합하여 고조선이 세워졌다는 이야기로 『삼국유사』라는 책에 기록되어 전해짐.

⑤ **법** : 《8조금법(8조법)》이라고 불리는 8가지의 법이 있었음.

3. 청동기 시대의 주요 문화재

• 고인돌 : 청동기 시대에 만들어진 지배 계급의 무덤으로, 유네스코 세계 문화유산으로 지정되어 있다.

KIIP 핵심 유형 익히기

01 한국 역사의 흐름은 어떠했는지 순서대로 말해 보세요.

> 답변 고조선 건국 → 삼국 시대 → 신라 삼국 통일 → 고려 건국 → 조선 건국 →
> 일본 강제합병 → 대한민국 임시 정부 수립 → 주권 회복 → 대한민국 정부
> 수립

02 대한민국에 있었던 나라들을 순서대로 말해 보세요.

> 답변 고조선 → 고구려, 백제, 신라 → 통일 신라, 발해 → 고려 → 조선 → 대한
> 제국 → 대한민국 순서입니다.

03 대한민국 역사상 기원전 2333년에 단군왕검이 세운 최초의 국가는 무엇입니까?

> 답변 고조선입니다.

04 한국 역사에서 처음으로 등장한 나라를 세운 인물은 누구입니까?

> 답변 단군왕검입니다.

05 아사달을 도읍으로 하여 고조선이란 나라를 세운 환웅의 아들은 누구입니까?

답변 단군왕검입니다.

유제 고조선이라고 불리는 나라를 세워 백성을 다스린 사람은 누구입니까?

답변 단군왕검입니다.

06 단군신화는 어떤 책을 통해 최초로 전해졌습니까?

답변 『삼국유사』입니다.

07 『삼국유사』를 통해 전해진 곰과 호랑이로 유명한 고조선의 건국신화는 무엇입니까?

답변 단군신화입니다.

08 단군이 세웠다고 전해지는 고조선의 건국 이념은 무엇인지 말해 보세요.

답변 홍익인간입니다.

09 최초의 국가인 고조선의 건국 이념인 홍익인간의 뜻을 말해 보세요.

답변 '널리 인간을 이롭게 한다.'입니다.

10 우리나라 최초의 국가인 고조선과 관련 있는 건국신화는 무엇입니까?

답변 단군신화입니다.

유제 청동기 문화를 바탕으로 세워진 고조선의 건국신화는 무엇입니까?

답변 단군신화입니다.

11 청동기 시대의 무덤으로 그중 일부가 유네스코 세계 문화유산으로 지정되어 있는 문화재는 무엇입니까?

답변 고인돌입니다.

02 삼국 시대와 남북국 시대

1. 삼국 시대 : 고구려, 백제, 신라

① 고구려

ⓐ 주몽(동명성왕) : 압록강 부근의 졸본 지역에서 고구려를 세운 왕으로 활을 잘 쏘았음.

ⓑ 소수림왕 : 불교를 받아들이고 태학(교육기관)을 설립하여 고구려 전성기의 기틀을 마련

ⓒ 광개토대왕 : 한반도 중부 지방과 만주까지 영토를 넓혀 가장 넓은 영토를 차지하였음(광개토대왕릉비).

ⓓ 장수왕 : 수도를 평양성으로 옮기고 한강 남쪽을 차지하여 백제와 신라를 위협

ⓔ 살수 대첩 : 고구려의 장군 을지문덕이 수나라 군사를 살수(청천강)로 유인하는 작전을 펴 큰 승리를 거둔 전쟁

ⓕ 주요 고구려 문화재 : 광개토대왕릉비, 무용총의 수렵도, 수산리 고분 등

② 백제

ⓐ 건국 : 주몽의 아들인 온조가 한강 유역으로 내려와 건국

ⓑ 근초고왕 : 4세기 백제의 왕으로 남해안까지 영토를 확장하였으며, 중국과 일본 지역과도 활발하게 무역

ⓒ 주요 백제 문화재 : 금동대향로와 금제장식, 정림사지 5층 석탑, 미륵사지 석탑 등

ⓓ 삼국 중 해상무역이 가장 발달하였고, 중국·왜와 활발하게 교역을 함. 백제, 신라, 고구려 중 가장 먼저 발전한 나라

③ 신라

ⓐ 박혁거세 : 경주 지역에서 신라를 세운 인물로 신라는 삼국 중 가장 늦게 국가로 성장

ⓛ **법흥왕** : 왕권을 강화하고, 불교를 받아들여 신라의 기반을 만든 왕

ⓒ **진흥왕** : 신라 전성기의 왕으로 한강 유역을 확보하여 삼국 통일의 기반을 마련(진흥왕 순수비)

ⓔ **화랑도** : 진흥왕은 귀족과 평민의 청년들로 구성된 화랑도를 국가적인 조직으로 만들어 인재를 길러냄.

ⓜ **주요 신라 문화재** : 경주 분황사 모전석탑, 첨성대(동양에서 가장 오래된 천문대) 등

2. 남북국 시대 : 통일 신라와 발해

① 통일 신라(676~936년)

ⓐ **신라의 삼국 통일** : 신라가 당과 연합 ⇨ 백제 멸망(660년) ⇨ 고구려 멸망(668년) ⇨ 당이 한반도 전체를 차지하려 함. ⇨ 나·당 전쟁 ⇨ 신라가 당을 몰아내고 삼국 통일(676년)

ⓛ **김유신** : 화랑 출신으로 당나라를 몰아내고 삼국 통일에 큰 역할을 한 인물

ⓒ **문무왕** : 당나라 세력을 몰아내고 삼국 통일을 완성한 왕으로, 하나 된 신라를 만들기 위하여 노력함.

ⓔ **장보고** : 완도에 청해진을 짓고 수군을 훈련시켜 해적들을 소탕하였으며, 당나라와 일본과의 무역을 주도

ⓜ **주요 통일 신라 문화재** : 불국사 삼층 석탑(석가탑)과 다보탑, 석굴암, 무구정광 대다라니경 등

② 발해(698~926년)

ⓐ **발해의 건국** : 대조영이 고구려 유민과 말갈족의 무리를 이끌고 동모산 근처에 도읍을 정하고 발해를 건국

ⓛ **해동성국** : 발해가 가장 영토가 넓었던 시기에는 고구려의 옛 땅을 대부분 되찾아 당시 중국에서 불렀던 이름으로 '바다 동쪽의 큰 나라'라는 뜻임.

ⓒ 발해의 문화 : 고구려를 계승하여 씩씩하고 독창적인 문화를 발전시킴. 발해 석등과 기와가 유명

ⓔ 남북국 시대 : 남쪽의 신라와 북쪽의 발해가 함께 있던 시기를 뜻하는 말

3. 삼국 시대와 남북국 시대의 주요 문화재

① 금동 연가 7년명 여래 입상 : 고구려의 불상으로 불상 뒷면에 고구려의 연호(연도를 나타내는 이름)인 '연가 7년'에 만들어졌다는 글씨가 새겨져 있다.

② 부여 정림사지 5층 석탑 : 백제 시대의 탑으로 석탑의 전형적인 모습을 갖추고 있다.

③ 첨성대 : 신라 선덕 여왕 때에 건립된 동양 최대의 천문 관측대이다.

④ 불국사 : 통일 신라 시대 김대성이 만든 절로 가장 이상적인 부처의 나라를 현실 세계에서 구현하고자 한 사원이다. 다보탑과 불국사 삼층 석탑(석가탑)이 있다.

⑤ 석굴암 : 통일 신라 시대에 만들어진 대표적인 불교 건축물로, 인공 석굴 사원이다. 1995년 유네스코 세계 문화유산으로 등록되었다.

KIIP 핵심 유형 익히기

01 삼국 시대라고 불렸던 3개 나라는 무엇입니까?

> 답변 고구려, 백제, 신라입니다.

02 한반도에서 고구려, 백제, 신라 등이 세워져 서로 대립하고 교류하던 시대를 무엇이라고 부르는지 말해 보세요.

> 답변 삼국 시대입니다.

03 삼국 중 주몽이 세운 나라로 가장 북쪽에 위치했던 나라의 이름은 무엇입니까?

> 답변 고구려입니다.

04 우리나라 역사상 가장 넓은 영토를 차지한 광개토대왕이 있습니다. 이 나라는 어디입니까?

> 답변 고구려입니다.

> 유제 광개토대왕에 이르러 영토를 크게 넓혀 한국 역사상 가장 넓은 영토를 차지한 나라의 이름은 무엇입니까?
>
> 답변 고구려입니다.

05 고구려의 시조(왕)로 활을 잘 쏘았던 사람은 누구인지 말해 보세요.

> 답변 주몽입니다.

06 ✿ 고구려에서 북진정책 등을 통해 영토를 확장시킨 임금은 누구인지 말해 보세요.

> 답변 광개토대왕입니다.

07 불교를 받아들이고, 교육기관인 태학을 세워 인재를 길렀던 고구려의 왕은 누구입니까?

> 답변 소수림왕입니다.

08 도읍을 평양성으로 옮기고 남쪽으로 영토를 넓혀 백제와 신라를 위협한 고구려의 왕은 누구입니까?

> 답변 장수왕입니다.

09 수나라의 침략을 살수(오늘날의 청천강)에서 물리친 사람은 누구입니까?

> 답변 을지문덕 장군입니다.

10 주요 고구려 문화재를 아는 대로 말해 보세요.

> 답변 광개토대왕릉비, 무용총의 수렵도, 수산리 고분 등이 있습니다.

✪
11 삼국 중 해상무역이 가장 발달하였고, 중국·왜와 활발하게 교역을 한 나라는 어디입니까?

> 답변 백제입니다.

> > 유제 삼국 중 해상무역의 발달로 중국과 교류하는 등 가장 빨리 발전 할 수 있었던 나라의 이름은 무엇입니까?
> > 답변 백제입니다.

12 한강 유역에 자리를 잡아 농사짓기에 유리하였고, 중국의 문물을 받아들이기에도 좋아 일찍이 전성기를 맞이한 나라의 이름은 무엇입니까?

> 답변 백제입니다.

✪
13 한강 유역에 자리 잡고 대표적인 유물로는 금동대향로와 금제장식이 있는 나라는 어디입니까?

> 답변 백제입니다.

14 주몽의 아들로 한강 유역으로 내려와 백제를 건국한 사람은 누구입니까?

답변 온조입니다.

15 중국과 일본까지 진출하며 활발하게 무역하고 백제의 전성기를 이끈 왕은 누구입니까?

답변 근초고왕입니다.

16 주요 백제 문화재를 아는 대로 말해 보세요.

답변 금동대향로와 금제장식, 정림사지 5층 석탑, 미륵사지 석탑 등이 있습니다.

17 삼국 중 가장 늦게 국가로서의 모양새를 갖추었지만 꾸준히 발전한 나라는 어디입니까?

답변 신라입니다.

18 '화랑도'라는 청소년 조직을 기반으로 삼국을 통일한 나라는 어디입니까?

답변 신라입니다.

19 왕권을 강화하고, 불교를 받아들여 신라의 기반을 만든 왕은 누구입니까?

답변 법흥왕입니다.

❂
20 '꽃처럼 아름다운 남자'라는 뜻의 청소년 단체로 삼국 통일에 크게 기여한 단체는 무엇입니까?

답변 화랑도입니다.

> 유제 신라 시대의 청소년 조직으로 신라가 통일을 이루는 밑바탕이 된 단체의 이름은 무엇입니까?
> 답변 화랑도입니다.

21 경주 지역에서 신라를 세운 인물로 알에서 태어났다는 신화가 있는 사람은 누구입니까?

답변 박혁거세입니다.

22 한강 유역을 차지한 뒤 중국과 교류하며 삼국 통일의 발판을 마련한 신라의 전성기 국왕은 누구입니까?

답변 진흥왕입니다.

23 하늘의 별, 해와 달의 모습 등을 관찰하는 시설로 알려져 있는, 신라의 과학 유산을 말해 보세요.

> **답변** 첨성대입니다.

> **유제** 신라 선덕 여왕 시기에 만들어진 하늘을 관찰하는 천문대는 무엇입니까?
>
> > **답변** 첨성대로 별자리를 관측하였습니다.

24 주요 신라 문화재를 아는 대로 말해 보세요.

> **답변** 경주 분황사 모전석탑, 첨성대(동양에서 가장 오래된 천문대), 왕릉 등이 있습니다.

25 화랑의 대표적인 인물로, 김춘추와 함께 신라가 삼국 통일을 하는 데 큰 역할을 한 사람은 누구입니까?

> **답변** 김유신입니다.

26 최초로 통일을 이룬 나라는 어디입니까?

> **답변** 통일 신라입니다.

27 백제와 고구려 유민들과 힘을 합쳐 한반도에서 당나라 군사를 몰아내고 삼국 통일을 완성한 국왕은 누구입니까?

> [답변] 신라 문무왕입니다.

28 통일 신라의 성립 과정을 설명해 보세요.

> [답변] 고구려, 백제, 신라 세 나라 중 가장 늦게 성장한 신라는 6세기 무렵부터 화랑도를 만들어 많은 인재를 키워 당과 연합하여 백제를 멸망시키고 이어 고구려를 멸망시키고, 당나라를 몰아내고 한국 최초의 통일을 이루었습니다.

29 완도의 청해진을 중심으로 당 – 신라 – 일본을 연결하는 국제 무역을 주도한 인물은 누구입니까?

> [답변] 장보고입니다.

✪
30 화랑도를 만들어 많은 인재를 키웠으며 한국 최초의 통일을 이루었고, 불국사 삼층 석탑(석가탑)과 다보탑, 석굴암, 무구정광 대다라니경 등의 유적이 있는 나라는 어디입니까?

> [답변] 통일 신라입니다.

> [유제] 불국사, 석굴암 등과 관련 있는 나라는 어디입니까?
> > [답변] 통일 신라입니다.

31 화강암을 쌓아 올려 동굴처럼 만든 통일 신라 시대의 절로 내부에는 본존불과 함께 불교의 여러 신과 불교와 관련된 인물들이 조각되어 있는 문화재는 무엇입니까?

답변 석굴암입니다.

32 통일 신라 시대 김대성이 만든 절로 아름답고 독특하여 역사적 가치가 있음을 인정받아 유네스코 세계 유산으로 지정되었으며, 다보탑과 석가탑이 있는 곳은 무엇입니까?

답변 불국사입니다.

✪
33 통일 신라 시대에 만들어진 문화재를 말해 보세요.

답변 불국사, 석굴암, 다보탑, 석가탑 등이 있습니다.

유제 주요 통일 신라의 문화재를 아는 대로 말해 보세요.

답변 불국사 삼층 석탑(석가탑)과 다보탑, 석굴암, 무구정광 대다라니경 등이 있습니다.

34 신라가 대동강 이남으로 삼국을 통일하고 북쪽에서는 대조영이 발해를 건국하던 시대를 부르는 이름은 무엇입니까?

답변 남북국 시대입니다.

✪
35 대조영이 말갈, 고구려 유민들을 이끌고 세운, 해동성국으로 불렸던 나라는 어디입니까?

> 답변 발해입니다.

> > 유제 고구려가 망한 후 옛 고구려 장수 대조영이 고구려 사람들을 이끌고 만주를 중심으로 건국한 나라는 어디입니까?
> >
> > > 답변 발해입니다.

36 고구려를 계승하여 고구려 사람들을 이끌고 옛 고구려 땅인 만주에서 발해를 세운 인물은 누구입니까?

> 답변 대조영입니다.

✪
37 해동성국으로 불렸던 나라는 어디입니까?

> 답변 발해입니다.

> > 유제 발해가 전성기였던 때 '동쪽의 융성한 나라'라는 뜻으로 중국에서 불렀던 이름은 무엇입니까?
> >
> > > 답변 해동성국입니다.

03 고려 시대와 조선 시대

1. 고려 시대

① **후삼국 시대** : 시간이 흐르면서 신분 제도의 한계와 지배층의 사치로 백성은 혼란에 빠졌고, 결국 통일 신라는 후백제, 후고구려, 신라의 삼국으로 나뉘어짐.

② **고려의 건국(918년)** : 왕건은 후삼국을 통일하고 고려를 세워서 민족 통일을 다시 이루었으며 북진 정책을 추진

③ **벽란도** : 고려 무역의 중심지로 송나라, 일본, 동남아시아의 상인들이 무역을 활발히 하였으며, 고려가 '코리아'로 이름이 알려짐.

④ **삼국사기** : 고려의 학자 김부식이 유교적 관점에서 만든 삼국 시대에 관한 가장 오래된 역사서

⑤ **고려의 인물**

   ㉠ **강감찬** : 압록강 근처의 귀주에서 거란의 침략을 크게 물리친 장군(귀주 대첩)

   ㉡ **문익점** : 중국에서 목화씨를 들여와 고려인들이 따뜻한 솜옷을 입고 겨울을 보낼 수 있게 함.

⑥ **고려 시대의 주요 문화재**

   ㉠ **팔만대장경** : 부처님의 힘으로 몽골의 침략을 물리쳐 나라의 어려움을 극복하기 위해 만들었다.

   ㉡ **직지심체요절** : 세계에서 가장 오래된 금속 활자본으로 고려인들의 뛰어난 인쇄술을 잘 보여주고 있다.

   ㉢ **고려청자** : 특유의 맑고 투명한 색과 부드럽고 생동감 넘치는 모양으로 아름다움이 뛰어나 외국으로 많이 수출되었다.

2. 조선 시대

① 조선의 건국

   ㉠ 조선의 건국(1392년) : 이성계는 고려 왕조를 무너뜨린 후 새로운 왕조를 세웠는데 고조선을 계승한다는 의미에서 나라 이름을 '조선'이라 하고, 도읍을 '한양'으로 옮김.

   ㉡ 유교 정치 : 조선은 유교를 바탕으로 정치와 생활이 이루어짐.

   ㉢ 한양(지금의 서울) 4대문 : 도읍을 한양으로 옮긴 뒤 성곽을 쌓고 동서남북에 4대문을 설치함.

     • 동대문(흥인지문) : 보물 제1호

     • 서대문(돈의문) : 4대문 중 유일하게 남아 있지 않음.

     • 남대문(숭례문) : 국보 제1호

     • 북대문(숙정문) : 실제 사람이 다니지는 않음.

   ㉣ 조선왕조실록 : 태조로부터 철종까지의 역사를 기록한 책으로 1997년 유네스코 세계 기록유산으로 등재됨.

   ㉤ 경국대전 : 성종 때에 완성된 조선 최고의 법전으로, 사회질서를 유지하고 백성을 다스리는 데에 중요한 역할을 함.

   ㉥ 신문고 : 백성이 억울한 일이 있을 때 사용하도록 만든 북의 이름

② 세종과 조선의 발전

   ㉠ 세종대왕 : 조선의 네 번째 왕으로 집현전 설치,『농사직설』편찬, 훈민정음 창제 등의 업적을 이룸.

   ㉡ 집현전 : 세종대왕이 유교 정치 실현과 문화 발전을 위해 설치한 학문 연구 기관

   ㉢ 훈민정음 : 세종 때 창제된 우리나라의 고유한 문자로, 우수성과 과학성을 인정받아 유네스코 세계 기록유산으로 지정됨.

   ㉣ 과학기술의 발달 : 앙부일구(해시계), 자격루(물시계), 측우기(비가 내린 양을 재는 기구), 혼천의(천체 관측 기구)

ⓜ 장영실 : 원래 노비였으나 뛰어난 재능을 인정받아 측우기, 자격루 등을 발명한 과학자

③ 임진왜란

ⓐ 임진왜란(1592년) : 일본이 명나라로 가는 길을 내어 달라는 구실로 조선을 침략한 사건

ⓑ 이순신 : 임진왜란 당시 뛰어난 전술과 거북선, 판옥선, 화포 등의 무기로 일본군을 물리쳤는데, 특히 학익진 전법으로 한산도 대첩을 승리로 이끎.

ⓒ 거북선 : 이순신 장군이 만든 배로 뱃머리는 용머리를, 꼬리는 거북 꼬리를 닮았으며 해전에서 큰 위력을 발휘

ⓓ 조선 수군의 주요 전투 : 한산도 대첩(이순신 장군이 이끄는 조선 수군이 학익진 전법으로 일본 수군을 크게 무찌름), 명량 대첩(이순신 장군이 왜선 130여 척을 단 13척으로 무찌름), 노량 대첩(임진왜란의 마지막 해전으로 이순신 장군이 전사함)

ⓔ 난중일기 : 이순신이 임진왜란 때 쓴 일기로 유네스코 세계 기록유산에 등재되었음.

ⓕ 권율 장군 : 임진왜란 당시 행주산성에서 백성들의 힘을 모아 일본군을 크게 물리친 장군(행주 대첩, 1593)

④ 조선 후기의 변화

ⓐ 실학 : 정치를 개혁하고 농업과 상공업을 발달시켜 백성의 생활에 도움을 주고자 하는 새로운 학문으로 정치, 경제, 사회 등 여러 분야에 걸쳐 변화를 주장

ⓑ 실학자 정약용 : 농사짓는 땅은 농민이 가져야 한다고 주장하였을 뿐만 아니라, 과학기술과 상공업 발달에도 많은 관심을 보임(거중기 제작).

ⓒ 수원 화성 : 정조 때 경기도 수원에 만든 성곽. 조선의 뛰어난 건축물로 그 건축 과정이 『화성성역의궤』에 기록되어 있음.

  ㉣ 김정호의 「대동여지도」: 지리학의 선구자인 김정호가 만든 「대동여지도」는 조선 시대에 만들어진 가장 정확하고 정밀한 과학적 실측 지도로 높이 평가되고 있음.

  ㉤ 홍길동전 : 허균의 작품으로 우리나라 최초의 한글 소설

⑤ **조선 시대의 문화재**

  ㉠ **조선백자** : 깨끗하고 고상한 아름다움을 풍겨 선비의 분위기와 어울렸으며, 주로 왕실이나 사대부가 사용하였다.

  ㉡ **경복궁** : 조선 시대의 대표적인 궁궐로 '왕과 백성이 태평성대를 누릴 큰 복을 빈다'는 뜻이다. 임진왜란 때 불에 탔으나 흥선대원군이 다시 세웠다.

  ㉢ **창덕궁** : 경복궁에 이어 두 번째로 지어진 궁궐로, 나라에 전쟁이나 큰 재난이 일어나 공식 궁궐을 사용하지 못할 때를 대비하여 지은 궁궐이다.

  ㉣ **종묘** : 조선 시대 역대 왕과 왕비의 신위를 봉안한 사당으로 종묘제례가 이루어지는 곳이다.

  ㉤ **조선왕릉** : 조선 시대 왕과 왕비의 무덤들로 유네스코 세계 문화유산으로 등록되었다.

  ㉥ **종묘 제례악** : 종묘에서 이루어지는 제사 때 사용되는 음악을 말한다.

  ㉦ **삼강행실도** : 세종 때 간행된 윤리책으로 충신, 효녀, 열녀의 내용을 그림으로 그리고 설명을 붙였다.

KIIP 핵심 유형 익히기

01 고려의 성립 과정에 대해 설명해 보세요.

답변 후고구려(태봉)의 장군이었던 왕건은 궁예를 몰아내고 왕위에 올라 고려를 건국한 후, 후삼국을 통일하였습니다.

02 삼국을 통일하고 세운 나라로 한반도에 머물지 않고 고구려의 옛 영토를 회복하겠다는 뜻으로 지은 나라의 이름은 무엇입니까?

답변 고려입니다.

03 고려를 세운 사람은 누구입니까?

답변 왕건입니다.

유제 후삼국을 통일하여 '고려'라는 나라를 세운 인물은 누구입니까?

답변 왕건입니다.

04 고려 말 중국에 사신으로 갔다가 목화씨를 들여와 고려 사람들의 의생활에 큰 변화를 가져온 인물은 누구입니까?

답변 문익점입니다.

05 거란의 3차 침입 때 압록강 근처 귀주에서 기다리고 있다가 후퇴하는 거란군을 크게 무찌른 영웅은 누구입니까?

[답변] 강감찬 장군입니다.

06 고려 무역의 중심인 국제 무역항으로 새로운 문물을 가장 빠르게 만날 수 있는 곳의 이름은 무엇입니까?

[답변] 벽란도입니다.

✪
07 국제 무역항인 벽란도에는 송나라, 일본, 동남아시아의 상인들과의 무역이 활발하였으며, 이때 아라비아 상인들이 부른 나라 이름의 외국식 발음이 오늘날 '코리아'의 기원이 된 나라는 어디입니까?

[답변] 고려입니다.

[유제] **외국 상인과의 무역이 활발한 과정에서 대한민국의 이름이 '코리아'가 된 유래를 설명해 보세요.**

[답변] 고려의 국제 무역항인 벽란도에는 외국 상인과의 무역이 활발하였는데, 이때 아라비아 상인들이 부른 고려의 외국식 발음이 오늘날 '코리아'의 기원이 됩니다.

08 고려의 학자 김부식이 유교적 관점에서 만든 삼국 시대에 관한 가장 오래된 역사서 이름은 무엇입니까?

> 답변 『삼국사기』입니다.

09 삼국(고구려, 백제, 신라)의 역사를 서술한 『삼국사기』를 편찬한 인물은 누구입니까?

> 답변 고려의 학자 김부식입니다.

10 팔만대장경과 『직지심체요절』 등의 문화재와 관련 있는 나라를 말해 보세요.

> 답변 고려입니다.

11 고려 시대의 주요 문화재를 아는 대로 말해 보세요.

> 답변 팔만대장경, 『직지심체요절』, 고려청자 등이 있습니다.

12 고려대장경(팔만대장경)은 무엇입니까?

> 답변 고려 때 부처의 힘으로 외적을 물리치기 위해 목판에 불교 경전을 새겨 만든 것입니다.

✪
13 고려 때 부처의 힘으로 외적을 물리치기 위해 목판에 불교 경전을 새겨 만든 것은 무엇입니까?

> **답변** 고려대장경(팔만대장경)입니다.

> > **유제** 몽골의 침입을 부처님의 힘으로 막고자 만든 것으로 현재 세계 기록유산에 등록되어 있는 문화재는 무엇입니까?
> >
> > **답변** 팔만대장경입니다.

14 『직지심체요절』은 무엇입니까?

> **답변** 고려 때 금속 활자로 인쇄된 세계에서 가장 오래된 책입니다.

✪
15 고려 때 금속 활자로 인쇄된 세계에서 가장 오래된 책으로 유네스코 세계 기록 유산으로 등재된 것은 무엇입니까?

> **답변** 『직지심체요절』입니다.

> > **유제** 현재 남아 있는 세계에서 가장 오래된 금속 활자본으로, 지금은 프랑스 국립 도서관에 보관되어 있는 문화재는 무엇입니까?
> >
> > **답변** 고려 시대 『직지심체요절』입니다.

16 고려 시대에 만들어진 도자기로, 특유의 맑고 투명한 색이 있어 고려의 뛰어난 도예 기술을 엿볼 수 있는 문화재는 무엇입니까?

답변 고려청자입니다.

17 불교를 국가 이념으로 채택하던 고려와는 달리 유교를 국가의 통치 이념으로 삼았던 나라의 이름은 무엇입니까?

답변 조선입니다.

18 조선을 건국하고 고려의 도읍이었던 개경에서 한양으로 도읍을 옮긴 사람은 누구입니까?

답변 이성계입니다.

유제 고려 말의 장수였던 인물로 고려 왕조를 무너뜨린 후 새로운 왕조를 세운 뒤 한양을 도읍으로 정한 인물은 누구입니까?

답변 이성계입니다.

19 조선을 건국한 태조 이성계가 고려의 도읍이었던 개경에서 한양으로 도읍을 옮긴 뒤 채택했던 통치 이념이 무엇인지 설명해 보세요.

답변 불교를 국가 이념으로 채택했던 고려와는 달리 조선은 유교를 국가의 통치 이념으로 삼았습니다.

20 지금의 서울로 조선이 유교 중심의 정치를 실현하기 위해 각종 제도를 만들었던 도읍지는 어디입니까?

[답변] 한양입니다.

✪
21 성종 때 완성된 조선 최고의 법전은 무엇입니까?

[답변] 『경국대전』입니다.

> [유제] 조선 시대 정치, 경제, 문화, 사회의 기본적인 규범을 다룬 종합적인 법전은 무엇입니까?
> [답변] 조선 성종 때 만들어진 『경국대전』입니다.

✪
22 태조로부터 철종까지의 역사를 기록한 책으로 1997년 유네스코 세계 기록유산으로 등재된 것은 무엇입니까?

[답변] 『조선왕조실록』입니다.

23 한글(훈민정음)을 창제하셨고 발명가 장영실을 통해 한국의 과학을 발전시킨 조선 시대 국왕은 누구입니까?

[답변] 세종대왕입니다.

24 세종 때 창제되어 우수성과 과학성을 인정받아 유네스코 세계 기록유산으로 지정된 우리나라의 고유한 문자는 무엇입니까?

> **답변** 훈민정음입니다.

25 세종은 우수한 인재를 등용하고 이들로 하여금 학문을 연구하도록 하기 위해 설치한 기관은 무엇입니까?

> **답변** 집현전입니다.

26 조선 시대 세종대왕이 백성들이 누구나 쉽게 우리의 글을 읽고 쓸 수 있게 하기 위하여 창제한 것은 무엇입니까?

> **답변** 훈민정음(한글)입니다.

27 장영실이 만든 과학 기구 중 조선의 대표적인 천체 관측 기구로 천체의 운행과 위치를 측정하는 도구는 무엇입니까?

> **답변** 세종대왕 때 만든 혼천의입니다.

28 자동으로 시간을 알려주는 물시계로 조선 시대 장영실이 제작한 발명품은 무엇입니까?

> **답변** 자격루입니다.

✪
29 조선 시대에 만들어진 기구로 비가 내린 양을 재는 것은 무엇입니까?

> [답변] 측우기입니다.

> > [유제] **측우기는 무엇입니까?**
> >
> > > [답변] 비가 내린 양을 재는 기구입니다.

> > [유제] **비가 내린 양을 재는 기구로 세종대왕이 장영실과 몇몇 사람들에게 만들게 한 과학 기구는 무엇입니까?**
> >
> > > [답변] 측우기입니다.

30 세종 때 종로에 설치하도록 하여 오가는 사람들에게 시간을 알려준 조선 시대의 해시계는 무엇입니까?

> [답변] 앙부일구입니다.

31 원래 노비였으나 뛰어난 재능을 인정받아 조선 시대 측우기, 자격루 등을 발명한 과학자는 누구입니까?

> [답변] 장영실입니다.

32 조선 시대의 대표적인 문화유산은 무엇인지 말해 보세요.

> 답변 『경국대전』, 훈민정음, 앙부일구(해시계), 자격루(물시계), 측우기(비가 내린 양을 재는 기구), 혼천의(천체 관측 기구) 등

33 신문고 제도와 관련된 물건은 무엇입니까?

> 답변 북입니다.

34 조선 시대 백성이 억울한 일이 있을 때 사용하도록 만든 북의 이름은 무엇인지 말해 보세요.

> 답변 신문고입니다.

35 1592년 일본이 명나라로 가는 길을 내어 달라는 구실로 조선을 침략한 사건은 무엇입니까?

> 답변 임진왜란입니다.

36 임진왜란 때 일본을 무찌른 3대 대첩의 이름을 말해 보세요.

> 답변 한산도 대첩(이순신), 행주 대첩(권율), 진주 대첩(김시민)입니다.

✪
37 임진왜란 때 거북선을 만들고 뛰어난 전술로 일본군을 물리친 장군은 누구입니까?

> **답변** 이순신입니다.

>> **유제** 임진왜란 당시 마지막 해전으로, 퇴각하던 왜군을 노량에서 무찔러 승리한 인물은 누구입니까?
>>> **답변** 이순신 장군입니다.

>> **유제** 임진왜란 당시 뛰어난 전술과 거북선, 판옥선, 화포 등의 무기로 일본군을 물리쳤는데 특히 학익진 전법으로 한산도 대첩을 승리로 이끈 인물은 누구입니까?
>>> **답변** 이순신 장군입니다.

38 이순신 장군이 만든 배로 뱃머리는 용머리를, 꼬리는 거북 꼬리를 닮았으며 해전에서 큰 위력을 발휘한 전투선은 무엇입니까?

> **답변** 거북선입니다.

39 임진왜란의 마지막 해전으로 이순신 장군이 전사한 전투는 무엇입니까?

> **답변** 노량 대첩입니다.

40 충무공 이순신이 임진왜란 때 진중에서 쓴 일기로 유네스코 세계 기록유산에 등재된 것은 무엇입니까?

> **답변** 『난중일기』입니다.

✪ 41 임진왜란 당시 왜병과의 전투에서 성 안의 부녀자들이 치마에 돌을 날라 병사들에게 공급해 줌으로써 큰 승리를 거둔 전투는 무엇입니까?

답변 행주 대첩입니다.

42 임진왜란 당시 행주산성에서 백성들의 힘을 모아 일본군을 크게 물리친 장군은 누구입니까?

답변 권율 장군입니다.

43 임진왜란 당시 김시민과 의병들이 진주성에서 왜군을 물리쳤지만 끝내 김시민 장군이 전사한 전투는 무엇입니까?

답변 진주 대첩입니다.

44 조선 후기에 등장한 개혁 사상으로 백성들이 잘 살고 튼튼한 나라를 만드는 데 도움을 줄 수 있는 학문은 무엇입니까?

답변 실학입니다.

유제 조선 후기 백성들이 잘 살 수 있도록 하기 위해 실생활에 도움이 되는 것을 연구한 학문은 무엇입니까?

답변 실학입니다.

45 실학 연구를 집대성하였으며『목민심서』에서 백성을 다스리는 관리의 잘못된 점을 짚어 내면서 관리들은 백성을 위해 바른 정치를 해야 한다고 주장한 인물은 누구입니까?

답변 정약용입니다.

46 조선 후기 정약용이 지은 책으로, 백성을 다스리는 관리의 잘못된 점을 비판하며, 관리들은 백성을 위해 바른 정치를 해야 한다고 주장한 책은 무엇입니까?

답변 『목민심서』입니다.

47 『목민심서』는 무엇입니까?

답변 조선 시대 정약용이 지은, 관리들의 부정부패를 비판하면서 관리들이 지켜야할 지침을 적은 책입니다. 백성의 입장을 먼저 살피는 청렴한 공직 생활을 강조하였습니다.

48 도르래의 원리를 이용해 작은 힘으로 무거운 물건을 들어 올리는 기계로 정약용이 발명하여 수원 화성을 쌓는 데 이용된 기기는 무엇인가요?

답변 거중기입니다.

49 지리학의 선구자로 한반도 지도인 「대동여지도」를 만든 사람은 누구입니까?

> 【답변】 김정호입니다.

50 김정호의 「대동여지도」에 대해 설명해 보세요.

> 【답변】 김정호는 직접 해안을 걸어다니고 높은 산에 오르며 한반도 지도를 완성하였
> 는데, 이 지도는 과학적인 측량 방법을 이용하여 만든 오늘날의 지도와 비교
> 해도 큰 차이가 없을 만큼 정확하고, 산맥, 하천, 도로망이 자세히 표시되어
> 있습니다.

51 양반 신분인 허균의 작품으로 가난한 백성의 편에서 신분제도를 비판하는 내
용의 한글 소설은 무엇입니까?

> 【답변】 『홍길동전』입니다.

> **유제** 허균이 지은 우리나라 최초의 한글 소설은 무엇입니까?
> > 【답변】 『홍길동전』입니다.

52 조선 역대 왕과 왕비의 위패를 모신 유교 사당으로 세계 문화유산으로 지정되
어 있는 문화재는 무엇입니까?

> 【답변】 종묘입니다.

53   조선 역대 왕들의 위패를 모신 곳인 종묘에서 이루어지는 제사 때 사용되는 음악은 무엇입니까?

답변   종묘 제례악입니다.

04 일제 강점기와 한국 현대사

1. 개항 이후 근대 국가 수립을 위한 노력

① **흥선대원군** : 서양 열강들의 통상 요구를 거부하는 정책을 실시

② 강화도 조약 : 근대에 들어서 조선이 일본과 맺은 조약으로 조선의 권리는 나타나 있지 않은 불평등 조약

③ 갑신정변(1884년) : 김옥균을 비롯한 개화파들이 뜻을 펴기 위해 일으킨 정변

④ 갑오개혁(1894년) : 동학 농민 운동과 청·일 전쟁 이후 조선이 근대 국가로 발돋움하기 위하여 실시한 개혁

2. 일본의 침략

① 을미사변 : 조선이 일본의 간섭을 피하려 다른 열강들과 가까이 지내자 일본이 불리해진 정세를 되돌리기 위해 경복궁에 침입하여 명성 황후를 시해한 사건

② 을사조약(1905년) : 일본에 의해 강제로 맺어진 조약. 일본에게 외교권을 빼앗겨 자주적으로 다른 나라와 조약 등을 맺을 수가 없게 됨.

③ 한·일 병합 조약 : 일본이 친일 단체인 일진회를 동원하여 한·일 병합 여론을 조성한 후 대한 제국의 국권을 빼앗은 조약

④ **일본군 위안부** : 일본 군인을 위해 강제로 성노예 생활을 해야만 했던 한인 여성

3. 한국인들의 독립운동

① 3·1 운동(1919년) : 1919년 3월 1일을 기점으로 하여 일본의 식민지 지배에 저항하여 전 민족이 참여한 독립 만세 운동

② 대한민국 임시 정부 : 3·1 운동 직후 조국의 독립을 위하여 중국 상하이에서 조직하여 선포한 임시 정부로, 수립 이후 각종 군사 활동과 의거 활동을 지원하며 독립운동의 중심이 됨.

③ 윤봉길 : 상하이 홍커우 공원에서 일본 장교에게 폭탄을 던진 인물

④ 유관순 : 3·1 운동 당시 모진 고문 속에서도 저항을 하다가 19세의 어린 나이로 순국

⑤ 안중근 : 의병장으로 국내외에서 항일전을 전개하던 중 한국의 침략에 앞장섰던 이토 히로부미를 1909년 하얼빈에서 사살하고 순국

⑥ 안창호 : 흥사단에서 독립운동을 하였으며, 신민회와 대성학교 설립으로 한국 국민들의 계몽 활동에 힘쓴 인물

⑦ 김구 : 3·1 독립운동 이후 대한민국 임시 정부에서 독립운동을 이끈 인물로 자서전인 『백범일지』를 씀.

4. 6·25 전쟁과 대한민국의 발전

① 6·25 전쟁 : 북한이 1950년 6월 25일 북위 38도선을 넘어 남한을 침략해 온 전쟁으로 1953년 7월 휴전이 될 때까지 많은 희생자를 낸 동족상잔의 비극

② 38도선 : 광복 직후 미군과 소련군이 남쪽과 북쪽으로 나뉘어 주둔하면서 만들어진 군사적 경계선

③ 휴전선 : 6·25 전쟁 당시 정전 협정이 이루어지면서 한반도의 가운데를 가로질러 만들어진 군사분계선

④ 비무장 지대(DMZ) : 6·25 전쟁 이후 남한과 북한 간에 맺어진 휴전 협정에 따라서 남북 사이의 어떠한 무력 행위도 허용되지 않는 완충 지대로 설정된 곳

⑤ 이산가족 : 남북 분단 등의 사정으로 이리저리 흩어져서 서로 소식을 모르는 가족

⑥ 통일의 좋은 점 : 정치적·경제적 이익, 국방비 지출을 줄여 경제 발전에 활용, 한반도 전체 국토의 효율적인 이용 가능, 이산가족의 고통 해소, 북한 주민의 열악한 삶 개선, 공동체의 정체성 회복 등

⑦ 새마을 운동 : 1970년대 박정희 정부가 농어촌의 자립 경제를 도모하기 위해 실시한 근면·자조·협동을 기본 정신으로 하는 운동

05 연대순 국가 정리

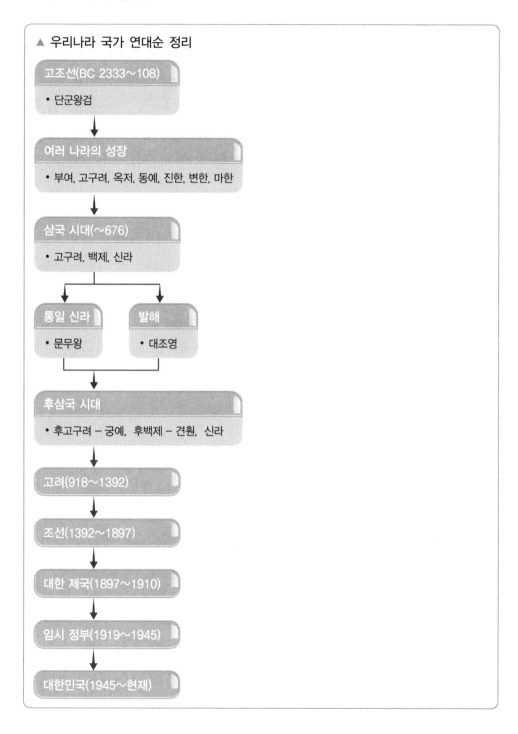

▲ 우리나라 국가 연대순 정리

고조선(BC 2333~108)
- 단군왕검

여러 나라의 성장
- 부여, 고구려, 옥저, 동예, 진한, 변한, 마한

삼국 시대(~676)
- 고구려, 백제, 신라

통일 신라
- 문무왕

발해
- 대조영

후삼국 시대
- 후고구려 – 궁예, 후백제 – 견훤, 신라

고려(918~1392)

조선(1392~1897)

대한 제국(1897~1910)

임시 정부(1919~1945)

대한민국(1945~현재)

06 한국의 유네스코 세계 유산

1. 한국의 세계 유산

해인사 장경판전, 종묘, 석굴암·불국사, 창덕궁, 수원 화성, 고창·화순·강화 고인돌 유적, 경주 역사 유적 지구, 조선왕릉, 한국의 역사마을(하회와 양동), 남한산성, 한국의 서원, 한국의 산사와 산지 승원, 백제 역사 유적 지구, 한국의 갯벌, 제주 화산섬과 용암동굴, 가야고분군

2. 한국의 세계 기록유산

조선왕조실록, 훈민정음(해례본), 직지심체요절, 승정원일기, 고려대장경판 및 제경판, 조선왕조 의궤, 동의보감, 5·18 민주화 운동 기록물, 일성록, 새마을운동 기록물, 난중일기, 조선왕실 어보와 어책, 조선통신사 기록물, 국채보상운동 기록물, KBS 특별생방송 '이산가족을 찾습니다' 기록물, 한국의 유교책판, 4·19 혁명 기록물, 동학농민혁명 기록물

3. 한국의 인류무형문화유산

종묘제례 및 종묘 제례악, 판소리, 강릉단오제, 처용무, 강강술래, 제주칠머리당영등굿, 남사당놀이, 영산재, 대목장, 매사냥, 가곡, 줄타기, 택견, 한산모시짜기, 아리랑, 김장문화, 농악, 줄다리기, 제주해녀문화, 씨름, 연등회, 한국의 탈춤, 한국의 장 담그기 문화

면접 대비 유형별 핵심총정리

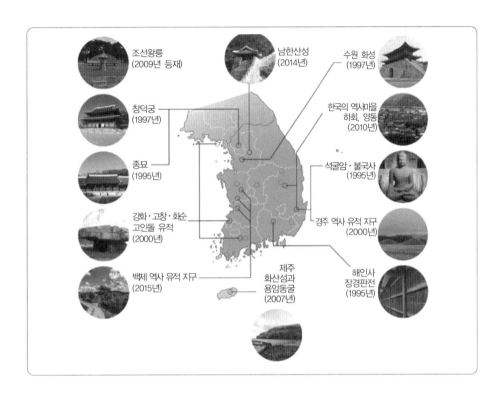

02 한국의 역사   69

KIIP 핵심 유형 익히기

01 서양의 어느 나라와도 교류하지 않는 배외 정책을 실시하였고, 전국에 척화비를 세워 이러한 의지를 알리기도 한 인물은 누구입니까?

　　답변 흥선대원군입니다.

02 조선 후기 고종 때 일본과 맺은 조약으로 일본에 유리한 내용이 많이 담겨 있는 조약의 이름은 무엇입니까?

　　답변 강화도 조약입니다.

03 김옥균을 비롯한 개화파들이 뜻을 펴기 위해 일으킨 정변은 무엇입니까?

　　답변 갑신정변(1884년)입니다.

04 동학 농민 운동과 청·일 전쟁 이후 조선이 근대 국가로 발돋움하기 위하여 실시한 개혁은 무엇입니까?

　　답변 갑오개혁(1894년)입니다.

05 일본이 불리해진 정세를 되돌리기 위해 경복궁에 침입하여 명성 황후를 시해한 사건은 무엇입니까?

　답변　을미사변입니다.

06 일본에게 외교권을 빼앗겨 자주적으로 다른 나라와 조약 등을 맺을 수가 없게 된 조약은 무엇입니까?

　답변　을사조약(1905년)입니다.

07 일본이 친일 단체인 일진회를 동원하여 한·일 병합 여론을 조성한 후 대한 제국의 국권을 빼앗은 조약은 무엇입니까?

　답변　한·일 병합 조약입니다.

✪
08 일본의 식민지 지배에 저항하여 1919년 3월 1일을 기점으로 하여 전 민족이 참여한 독립 만세 운동은 무엇입니까?

　답변　3·1 운동입니다.

　유제　1919년 3·1 운동에 대해 말해 보세요.

　답변　1919년 3월 1일을 기점으로 하여 일본의 식민지 지배에 저항하여 전 민족이 참여한 독립 만세 운동입니다.

✪
09 우리 조상들이 일본에 빼앗긴 나라를 되찾고자 중국 상하이에 설치한 것은 무엇입니까?

[답변] 대한민국 임시 정부입니다.

10 대한민국 임시 정부에 대해 설명해 보세요.

[답변] 3·1 운동 직후 조국의 독립을 위하여 중국 상하이에서 조직하여 선포한 임시 정부로 수립 이후 각종 군사 활동과 의거 활동을 지원하며 독립운동의 중심이 된 단체입니다.

✪
11 하얼빈역에서 초대 통감 이토 히로부미를 사살하고 순국한 독립운동가는 누구입니까?

[답변] 안중근입니다.

✪
12 미국에 건너갔다가 을사조약 소식을 듣고 귀국하여 신민회를 만들고 대성학교를 세워 계몽 활동을 한 독립운동가는 누구입니까?

[답변] 도산 안창호입니다.

✪ 13 3 · 1 운동 당시 19세의 어린 학생으로 모진 고문 속에서도 저항을 하다가 순국한 열사는 누구입니까?

답변 유관순 열사입니다.

> **유제** **여성 독립운동가 중 유관순 열사에 대해 설명해 보세요.**
>
> **답변** 1919년 3 · 1 운동 당시 모진 고문 속에서도 저항을 하다가 19세의 어린 나이로 순국한 인물입니다.

✪ 14 상하이 훙커우 공원에서 열린 일본군의 상하이 점령 축하 기념식장에 폭탄을 던져 일본군을 응징한 독립운동가는 누구입니까?

답변 윤봉길입니다.

✪ 15 3 · 1 독립운동 이후 대한민국 임시 정부에서 독립운동을 이끈 인물로 자서전인 『백범일지』를 쓴 독립운동가는 누구입니까?

답변 김구입니다.

16 민족의 자주 독립 국가 설립을 위해 살아온 독립운동가의 의지가 잘 나타나 있는 김구의 자서전은 무엇입니까?

답변 『백범일지』입니다.

17 1919년 3월 1일, 각 종교계 지도자로 구성된 민족 대표 33인이 모여 한국의 독립을 선언한 글은 무엇입니까?

　답변　독립선언서입니다.

✪ 18 1945년 8월 15일 한국이 일본의 식민 지배에서 벗어나 독립을 맞이한 것을 기념하는 날은 무엇입니까?

　답변　광복절입니다.

　유제　**대한민국이 광복을 맞이한 날에 대해 설명해 보세요.**

　답변　국내외 민족 지도자들의 독립을 위한 노력과 제2차 세계 대전을 일으킨 일본의 항복으로 대한민국은 광복을 맞이할 수 있었습니다. 1945년 8월 15일은 대한민국이 일본의 지배에서 벗어나 잃었던 국권을 되찾은 날입니다.

✪ 19 북한이 북위 38도선을 넘어 남한을 침략해 온 날은 언제입니까?

　답변　1950년 6월 25일입니다.

　유제　**북한이 1950년 6월 25일 북위 38도선을 넘어 남한을 침략해 온 전쟁은 무엇입니까?**

　답변　6 · 25 전쟁입니다.

20 38도선(삼팔선)이 무엇인지 설명해 보세요.

> **답변** 광복 직후 미군과 소련군이 남쪽과 북쪽으로 나뉘어 주둔하면서 만들어진 군사적 경계선입니다.

21 6·25 전쟁 당시 정전 협정이 이루어지면서 한반도의 가운데를 가로질러 만들어진 군사분계선을 무엇이라고 합니까?

> **답변** 휴전선입니다.

✪ 22 6·25 전쟁 이후 휴전 협정에 따라서 남북 사이의 어떠한 무력 행위도 허용되지 않는 완충 지대로 설정된 곳을 무엇이라고 합니까?

> **답변** 비무장 지대(DMZ)입니다.

✪ 23 6·25 전쟁과 관련된 건물, 지형, 사건을 3가지 이상 말해 보세요.

> **답변** 38도선, 휴전선, 비무장 지대(DMZ), 이산가족
> • 38도선 : 광복 직후 미군과 소련군이 남쪽과 북쪽으로 나뉘어 주둔하면서 만들어진 군사적 경계선입니다.
> • 휴전선 : 6·25 전쟁 당시 정전 협정이 이루어지면서 한반도의 가운데를 가로질러 만들어진 군사분계선입니다.
> • 비무장 지대(DMZ) : 6·25 전쟁 이후 남한과 북한 간에 맺어진 휴전 협정에 따라서 남북 사이의 어떠한 무력 행위도 허용되지 않는 완충 지대로 설정된 곳입니다.
> • 이산가족 : 남북 분단 등의 사정으로 이리저리 흩어져서 서로 소식을 모르는 가족입니다.

<u>유제</u>   **한국전쟁과 관련된 것을 말해 보세요.**

답변   현충일, 이산가족, 휴전을 상징하는 비무장 지대(DMZ), 분단된 한반도 등입니다.

24 남북 분단 등의 사정으로 이리저리 흩어져서 서로 소식을 모르는 가족을 무엇이라고 합니까?

답변   이산가족입니다.

25 통일의 필요성에 대해 말해 보세요.

답변   • 민족 화합 : 남북으로 갈라진 이산가족의 고통 해소, 남북 자유 왕래
   • 국가 발전 : 군사비 감소, 자연 자원과 인적 자원의 상호보완적 활용 등으로 규모의 경제에 따른 이득 확보로 국가 발전

26 1970년대 박정희 정부가 농어촌의 자립 경제를 도모하기 위해 실시한 근면·자조·협동을 기본 정신으로 하는 운동을 무엇이라고 부르나요?

답변   새마을 운동입니다.

27 한국의 유네스코 세계 유산을 아는 대로 말해 보세요.

> 답변　한국의 유네스코 세계 문화유산에는 불국사와 석굴암, 해인사 장경판전, 종묘, 창덕궁, 수원 화성, 경주 역사 유적 지구, 고창·화순·강화 고인돌 유적, 조선왕릉, 하회·양동 역사마을, 남한산성 등이 있습니다.
>
> 세계 기록유산으로는 훈민정음, 조선왕조실록, 직지심체요절, 승정원일기, 조선왕조 의궤, 고려대장경판 및 제경판, 동의보감, 일성록, 5·18 민주화 운동 기록물 등이 있습니다.

28 친척이나 친구가 한국을 방문한다면 소개하고 싶은 한국의 세계 문화유산과 그 이유를 말해 보세요.

> 답변　자신이 좋아하는 문화유산을 미리 생각해 두어 사전에 연습해 본다.
>
> 1) 통일 신라 시대 건축물인 경주의 불국사와 석굴암을 소개하고 싶습니다.
> 2) 조선 정조 때 만든 성곽이자 신도시인 수원 화성(1997년)을 소개해 주고 싶습니다.
> 3) 2015년 유네스코 세계 문화유산으로 지정된 백제 역사 유적 지구를 함께 가보고 싶습니다. 공주, 부여, 익산의 유적과 유물들은 한국과 중국 및 일본의 고대 왕국들 간의 상호 교류를 통하여 이룩된 백제의 건축기술 발전과 불교 확산에 대한 증거를 보여주기 때문입니다.

29 통일 신라 시대에 만들어진 인공 석굴 사원으로 1995년 유네스코 세계 문화유산으로 등록된 문화유산은 무엇입니까?

> 답변　석굴암입니다.

30 조선 시대 성리학 교육 시설의 한 유형으로 세계 문화유산으로 지정되어 있는 문화재는 무엇입니까?

> 답변 한국의 서원(2019년)입니다.

31 거대한 바위를 이용해 만들어진 청동기 시대의 무덤으로 고창·화순·강화 지역의 유적이 유네스코 세계 문화유산으로 지정되어 있는 문화재는 무엇입니까?

> 답변 고인돌입니다.

32 임진왜란 당시 충무공 이순신의 일기로 이를 통해 전쟁의 과정을 잘 알 수 있어 유네스코 세계 기록유산으로 지정되어 있는 문화재는 무엇입니까?

> 답변 『난중일기』입니다.

한국의 전통문화

---

01 명절과 의례, 전통 의·식·주

1. 한국의 명절 : 4대 명절(설날, 한식, 단오, 추석)

① 설날
- ㉠ 날짜 : 음력 1월 1일
- ㉡ 의미 : 한 해를 시작하면서 건강과 풍요를 기원하는 한국의 가장 큰 명절
- ㉢ 풍속 : 차례(조상을 추모하는 것으로 명절에 지내는 제사), 세배(설에 차례를 마치고 부모님과 친척 어른들께 큰절로 새해 첫인사를 드리는 것), 연날리기, 제기차기, 떡국, 성묘, 윷놀이 등

② 한식 : 동지 후 105일째 되는 날로, 불을 쓰지 않고 차가운 음식을 먹는 날

③ 단오
- ㉠ 날짜 : 음력 5월 5일로 수릿날이라고도 불린다.
- ㉡ 의미 : 초여름 모내기를 끝내고 풍년을 기원하는 명절
- ㉢ 풍속 : 창포 삶은 물에 머리를 감고, 수리취떡 등을 먹었으며, 그네뛰기와 씨름 등을 즐긴다.

④ 추석
- ㉠ 날짜 : 음력 8월 15일로 '한가위' 또는 '가배'라고도 불린다.
- ㉡ 의미 : 한 해 농사를 끝내고 수확한 것에 대해 조상에게 감사하는 명절
- ㉢ 풍속 : 차례를 지내고, 성묘, 송편, 달맞이, 강강술래(손에 손을 잡고 빙글빙글 돌면서 노래를 부르고 춤을 추는 것) 등

⑤ 정월대보름
　　㉠ 날짜 : 음력 1월 15일. 한 해의 첫 번째 보름날로 가장 큰 보름
　　　　이라는 뜻
　　㉡ 풍속 : 오곡밥과 묵은 나물 먹기, 부럼 깨물기, 더위팔기, 쥐불
　　　　놀이 등
⑥ 동지
　　㉠ 날짜 : 양력 12월 22일 무렵으로 밤이 가장 긴 날
　　㉡ 풍속 : 팥죽을 먹는데 한 해의 액을 쫓는 의미이다.

2. 한국의 주요 의례

① 여러 가지 의례
　　㉠ 결혼식 : 남자와 여자가 정식으로 부부가 되는 의례
　　㉡ 장례식 : 사람이 죽었을 때 치르는 의례로 병원 내 또는 단독 장
　　　　례식장에서 일반적으로 3일 동안 장례 절차를 진행한다.
　　㉢ 제사 : 조상이 돌아가신 날(기일)이나 명절에 조상을 추모하는
　　　　일
② 특이한 생일 기념
　　㉠ 백일잔치 : 아기가 태어난 지 100일이 될 때 건강하게 자란 아
　　　　이를 축하하기 위해 벌이는 잔치
　　㉡ 돌잔치 : 1년 동안 건강하게 자란 아이를 축하하는 자리로 쌀,
　　　　붓, 활, 돈, 실 등을 펼쳐 놓고 아이가 마음에 드는 물건을 골라
　　　　잡게 하여 이때 집는 물건을 통해 아이의 장래를 점치는 돌잡이
　　　　행사를 하는 경우가 많다.
　　㉢ 환갑(회갑)잔치 : 60번째 맞이하는 생일로 자녀들이 잔치를 열
　　　　어 부모님께서 오래 사시길 기원한다.
　　㉣ 칠순(고희)잔치 : 70번째 맞는 생일에 오래 사시길 기원하며 벌
　　　　이는 잔치

3. 한국에서 강조되어 온 전통 가치

① 예절 : 자신의 몸과 마음을 바르게 하여 상대방을 존중하는 것
② 효 : 부모를 공경하고 섬기는 자식의 정성된 마음
③ 관혼상제 : 우리 조상들이 예부터 중요하게 여긴 가정행사로 유교의 예에 따라 치러진다.
  ㉠ 관례 : 아이가 자라 성년식을 치름.
  ㉡ 혼례 : 결혼을 하는 의식 절차
  ㉢ 상례 : 사람이 죽었을 때 장사를 지냄.
  ㉣ 제례 : 조상의 돌아가신 날에 지내는 기제사와 명절에 차례를 지냄.
④ 기타 의례 관련 용어
  ㉠ 축의금과 조의금 : 한국에서는 서로 돕는 문화가 있어서 좋은 일을 축하하거나 슬픈 일을 위로하기 위해 의례에 준비하는 돈
  ㉡ 문상 : 장례에 찾아가 고인의 유족 등을 만나 위로하는 일
  ㉢ 존댓말 : 사람이나 사물을 높여서 이르는 말
  ㉣ 보통말 : 높이거나 낮추는 것이 없는 말로 보통 친구나 아랫사람에게 사용

4. 한국 음식(한식)의 종류와 특징

① 김치
  ㉠ 뜻 : 한국의 대표적인 음식으로 소금에 절인 배추, 무 등의 채소에 젓갈과 고춧가루 등의 양념을 혼합한 뒤 발효시켜 만든다.
  ㉡ 김장 : 늦가을과 초겨울 사이에 많은 양의 김치를 담그는 것으로 유네스코 인류무형문화유산으로 지정되었다.
  ㉢ 김치찌개 : 김치를 기반으로 하는 찌개 요리로, 김치를 볶은 다음 물을 부어 끓이는 방법으로 조리한다.
② 된장
  ㉠ 뜻 : 콩으로 메주를 만들어 장을 담가 간장을 떠낸 후에 남은 건더기로 만든 한국의 전통 음식이다.

ⓛ 된장 : 장을 담그는 기본 재료로 콩·보리·밀·쌀 등을 익혀
띄워 만든다.

ⓒ 된장찌개 : 된장을 푼 물에 두부, 호박, 버섯, 양파 등을 넣어
끓인 음식

③ 고추장 : 고춧가루에 쌀가루, 엿기름, 메줏가루 등을 섞어 발효시
킨 매운맛이 나는 한국의 전통 조미료

④ 불고기 : 소고기를 얇게 저며서 양념장에 재웠다가 불에 구워 먹는
한국의 전통 요리

⑤ 비빔밥 : 그릇에 밥과 여러 가지 나물, 고기, 계란, 고추장 등을 넣
고 섞어서 먹는 음식

⑥ 오곡밥 : 5가지 곡식을 섞어 지은 밥으로 정월대보름에 주로 먹음.

⑦ 떡 : 한국인들은 오랜 옛날부터 쌀을 주재료로 해서 만든 떡을 즐
겨 먹었는데 특히 결혼식이나 제사, 명절, 생일 등을 맞이했을 때
떡은 꼭 있어야 할 음식 중 하나로 여겨진다.

⑧ 삼계탕

㉠ 뜻 : 닭에 인삼, 대추, 찹쌀 등을 넣고 푹 고아서 먹는 한국 전
통 보양식으로 주로 여름철에 많이 먹는다.

㉡ 인삼 : 한국을 대표하는 유명한 약초로 그 효능이 세계적으로
인정받고 있으며 한약재의 재료로 널리 쓰이고 있다.

⑨ 미역국 : 미역으로 끓인 국으로 한국에서는 아이를 낳은 산모가 미
역국을 먹으면서 몸을 회복하는데, 생일에 먹는 미역국에는 그때를
기념하며 부모에게 감사하는 의미가 담겨 있다.

⑩ 국수(면) : 국수를 국물에 말거나 양념에 비빈 음식

⑪ 설렁탕 : 소의 여러 부위를 함께 넣고 푹 끓인 국. 또는 그 국에 밥
을 넣은 음식

⑫ 부대찌개 : 김치와 햄, 다양한 채소를 함께 넣어 끓인 음식

⑬ **김밥** : 김에 밥과 단무지, 햄(돼지고기), 계란, 당근, 오이 등을 넣고 돌돌 말아서 먹는 음식. 싸고 간단하게 끼니를 해결할 수 있는 음식

⑭ **떡볶이** : 가래떡, 밀가루떡 등을 적당한 길이로 잘라 어묵과 여러 가지 야채를 섞고 갖은양념을 하여 볶은 음식

⑮ **만두** : 고기만두, 김치만두, 물만두, 튀김만두의 종류에 따라 밀가루 반죽에 고기·두부·김치 등을 넣어 찌거나 튀긴 음식

⑯ **K-food** : 한국 음식, 한국 식품 및 한식 문화 등이 방송이나 인터넷 등을 통해 널리 알려지면서 나타난 새로운 용어

5. 한국의 옷 : 한복

① **구성 요소** : 한복은 한국인의 전통 의복으로 남자는 바지와 저고리, 여자는 치마와 저고리가 기본으로 남녀 모두 발에는 버선을 신었음.

② **두루마기** : 외투처럼 길게 생긴 것으로 주로 외출할 때 입는 한복 웃옷의 한 가지

③ **버선** : 무명·광목 등으로 만들어 발에 꿰어 신는 것으로 발을 따뜻하게 함.

④ **족두리** : 의식을 진행할 때 부녀자가 예복에 갖추어 쓰던 관

⑤ **갓** : 옛날 어른이 된 남자들이 머리에 쓰던 테가 넓고 둥근 모양의 의관

⑥ **상투** : 옛날 성인 남자가 머리카락을 모두 올려 빗어 정수리 위에서 틀어 감아 맨 머리 모양

⑦ **짚신** : 볏짚으로 가는 새끼를 꼬아 만든 신

⑧ **생활한복** : 일상생활에 입기 편하도록 전통적인 한복을 개량한 것

6. 한국의 집 : 한옥

① 온돌 : 방바닥 아래에 넓은 돌을 여러 개 놓고 이 돌들을 따뜻하게 데워 방을 덥히는 우리 조상들의 난방 방식

② 마루 : 한옥에서 본채의 방과 방 사이에 널빤지를 바닥에서 띄워 깔아 놓는 것으로, 습기나 지열 혹은 해충이나 짐승을 피하기 위한 거주 공간

③ 한지 : 한옥의 내부는 우리 고유의 제조법으로 만든 종이인 한지를 사용하였는데, 한지는 공기가 통할 수 있어 습도 조절이 가능

④ 기와집 : 주로 신분이 높거나 부유한 사람들이 살았던 집으로 흙으로 만들어 구운 기와를 지붕에 얹은 집

⑤ 처마 : 집의 외벽 경계선 바깥쪽으로 노출된 지붕의 밑부분으로 비바람으로부터 벽을 보호하고 뜨거운 볕을 가려줌.

KIIP 핵심 유형 익히기

01 한국의 4대 명절이 무엇인지 말해 보세요.

> 답변 한국의 4대 명절은 설날, 한식, 단오, 추석입니다.

02 새해가 시작되는 날로 웃어른께 세배를 하는 풍습이 있는 명절은 무엇입니까?

> 답변 설날입니다.

03 4대 명절 중 하나로 불을 피우지 않고 찬 음식을 먹는다는 옛 습관에서 나온 명절은 무엇입니까?

> 답변 한식입니다.

04 씨름, 활쏘기, 그네뛰기, 수리취떡 먹기, 창포물에 머리 감기 등을 하며 하루를 보내는 명절은 무엇입니까?

> 답변 단오입니다.

05 음력 8월 15일로 송편을 만들어 먹으며, 보름달을 보고 소원을 비는 명절은 무엇입니까?

> **답변** 추석입니다.

06 '한가위' 또는 '가배'라고도 불리며, 한 해 농사를 끝내고 수확한 것에 대해 조상에게 감사하는 명절은 무엇입니까?

> **답변** 추석입니다.

07 쌀가루를 반죽하여 속에 콩·깨·밤 등을 넣어 만든, 주로 추석에 먹는 전통 떡은 무엇입니까?

> **답변** 송편입니다.

08 설에 차례를 마치고 부모님과 친척 어른들께 큰절로 새해 첫인사를 드리는 것을 무엇이라고 합니까?

> **답변** 세배입니다.

09 조상을 추모하는 것으로 명절에 지내는 제사를 무엇이라고 합니까?

> **답변** 차례입니다.

⚙ 10 가래떡을 썰어서 넣고 끓인 국으로 새해 첫날과 설날을 대표하는 한국 음식은 무엇입니까?

> **답변** 떡국입니다.

11 팥죽을 쑤어 먹기에 앞서 대문이나 장독대에 뿌리면 귀신을 쫓고 재앙을 면할 수 있다고 여기는 명절은 무엇입니까?

> **답변** 동지입니다.

⚙ 12 동지에 먹는 전통 음식으로 붉은색이 귀신을 쫓고 액운을 막는다는 의미의 음식은 무엇입니까?

> **답변** 팥죽입니다.

13 '가장 큰 보름'이라는 뜻으로 오곡밥과 묵은 나물 먹기, 부럼 깨물기, 더위팔기, 쥐불놀이 등을 행하는 명절은 무엇입니까?

　　답변 정월대보름입니다.

✪
14 정월대보름에 먹는 전통 음식으로 찹쌀, 검은콩, 팥, 찰수수, 차조 등의 5가지 곡식으로 지은 밥은 무엇입니까?

　　답변 오곡밥입니다.

✪
15 정월 보름날 아침에 까먹는 잣 · 생밤 · 호두 · 은행 · 땅콩 등의 견과류 또는 견과류를 먹는 풍속을 일컫는 말은 무엇입니까?

　　답변 부럼입니다.

16 남자와 여자가 정식으로 부부가 되는 의례는 무엇입니까?

　　답변 결혼식입니다.

17 사람이 죽으면 죽은 사람에 대한 예를 갖추어 그를 떠나보내는데 이를 무엇이라고 합니까?

🗨 **답변** 장례식입니다.

✿
18 부모, 조부모 등 조상이 돌아가신 날이나 설 또는 추석과 같은 명절에 조상을 추모하는 것을 무엇이라고 합니까?

🗨 **답변** 제사라고 합니다.

19 관혼상제 중에서 아이가 자라 성년식을 치르는 것을 무엇이라고 합니까?

🗨 **답변** 관례라고 합니다.

20 아기가 태어난 지 100일이 될 때 건강하게 자란 아이를 축하하기 위해 벌이는 행사를 무엇이라고 합니까?

🗨 **답변** 백일잔치입니다.

✿
21 1년 동안 건강하게 자라 첫 번째 생일을 맞이한 아이를 축하하는 잔치를 무엇이라고 합니까?

🗨 **답변** 돌잔치입니다.

22 첫 번째 생일날 쌀, 붓, 활, 돈, 실 등을 펼쳐 놓고 아이가 마음에 드는 물건을 골라잡게 하는 행사를 무엇이라고 합니까?

> **답변** 돌잡이 행사입니다.

23 태어나서 60번째 맞이하는 생일로 자녀들이 여는 잔치를 무엇이라고 합니까?

> **답변** 환갑(회갑)잔치입니다.

24 평균 수명이 길어진 요즘 70번째 맞는 생일에 오래 사시길 기원하며 벌이는 행사를 무엇이라고 합니까?

> **답변** 칠순(고희)잔치입니다.

25 한국에서는 서로 돕는 문화가 있어서 축하하는 뜻을 나타내기 위해 내는 돈이나 물품을 무엇이라고 합니까?

> **답변** 축의금입니다.

✪ 26 상을 당한 가족에게 위로의 뜻을 나타내기 위해 내는 돈이나 물품을 무엇이라고 합니까?

[답변] 조의금입니다.

✪ 27 장례에 찾아가 고인에 대한 예의를 표하고, 고인의 유족 등을 만나 위로하는 일을 무엇이라고 합니까?

[답변] 문상, 조문입니다.

> [유제] 죽은 사람과 그 가족을 위로하기 위해 방문하는 일을 무엇이라고 합니까?
>
> [답변] 문상, 조문입니다.

✪ 28 사람이나 사물을 높여서 이르는 말은 무엇입니까?

[답변] 존댓말입니다.

> [유제] 상대방이 연령이 높은 사람이거나 지위가 높은 경우, 또는 공적인 장소에서 사용하는 말은 무엇입니까?
>
> [답변] 사람이나 사물을 높여서 이르는 존댓말(높임말)입니다.

29 자신의 몸과 마음을 바르게 하여 상대방을 존중하는 것을 무엇이라고 합니까?

답변 예절입니다.

30 상대방이 친구이거나 아랫사람 또는 어린이인 경우에 사용하는 말은 무엇입니까?

답변 보통말입니다.

31 무, 배추, 오이 등의 채소를 소금에 절인 다음 고추, 마늘, 파, 생강, 젓갈 등의 양념 및 부재료를 함께 버무려 담그는 음식은 무엇입니까?

답변 김치로 한국인에게 가장 중요한 음식입니다.

✪
32 늦가을과 초겨울 사이 많은 양의 김치를 담그는 것으로 유네스코 인류무형문화유산으로 지정된 문화는 무엇입니까?

답변 김장입니다.

33 김치와 돼지고기, 두부, 파 등을 함께 끓인 음식은 무엇입니까?

답변 김치찌개입니다.

✪ 34 찌개의 종류를 세 가지 이상 말해 보세요.

답변 김치찌개, 된장찌개, 순두부찌개, 부대찌개 등이 있습니다.

✪ 35 김치찌개의 재료는 무엇입니까?

답변 김치, 두부, 돼지고기, 파 등입니다.

36 콩으로 만든 메주와 소금을 가지고 만드는 한국 고유의 양념장은 무엇입니까?

답변 된장입니다.

37 된장을 푼 물에 두부, 호박, 버섯, 양파 등을 넣어 끓인 음식은 무엇입니까?

답변 된장찌개입니다.

38 매운맛을 내는 양념장으로 고춧가루, 메줏가루, 소금을 사용해 만드는 한국 고유의 양념장은 무엇입니까?

답변 고추장입니다.

✪
39 밥에 각종 나물, 쇠고기, 양념 등을 넣어 참기름과 고추장으로 비빈 한국의 대
표 음식은 무엇입니까?

[답변] 비빔밥입니다.

40 약간 달고 고소한 맛으로 쇠고기를 얇게 썰어 양념에 재웠다가 볶은 요리는 무
엇입니까?

[답변] 불고기입니다.

41 찹쌀과 검은콩 등 여러 가지 곡식을 섞어 지은 밥으로 정월대보름에 주로 먹는
음식은 무엇입니까?

[답변] 오곡밥입니다.

42 팥을 삶아 으깨어 거른 물에 쌀을 넣고 끓인 음식으로 동짓날에 먹는 음식은
무엇입니까?

[답변] 팥죽입니다.

✪ 43 닭의 뱃속에 찹쌀과 마늘, 대추, 인삼 등을 넣고 오래 끓인 대표적인 보양식은 무엇입니까?

답변 삼계탕입니다.

44 곡물 가루나 과일, 식용 가능한 식물에 꿀, 엿 등을 섞어 달콤하게 만들어 먹는 한국의 전통 과자는 무엇입니까?

답변 한과입니다.

✪ 45 설날에 먹는 음식으로 맑은 장국에 가래떡을 얄팍하게 썰어 넣어 끓인 국은 무엇입니까?

답변 떡국입니다.

46 대표적인 추석 음식으로 멥쌀가루를 끓는 물로 익반죽하여 깨, 콩, 팥 등의 소를 넣고 반달 모양으로 빚어 솔잎을 깔고 쪄낸 떡은 무엇입니까?

답변 송편입니다.

47 한국을 대표하는 유명한 약초로 그 효능이 세계적으로 인정받고 있으며 한약의 재료로 널리 쓰이는 것은 무엇입니까?

답변 인삼입니다.

48 결혼식에 가면 주로 먹었던 것으로 반죽한 밀가루·메밀가루 따위를 얇게 밀어 가늘게 만들어 삶아 국물에 말거나 비벼 먹는 음식은 무엇입니까?

답변 국수입니다.

49 한국에서 아이를 낳은 산모가 먹거나, 생일에 먹는 국의 주재료는 무엇입니까?

답변 미역입니다.

유제 해초의 일종인 미역을 넣고 끓인 국물 요리로 아이를 낳은 산모가 몸을 회복하기 위해 먹는 음식은 무엇입니까?

답변 미역국입니다.

50 직선과 곡선이 조화를 이루어 아름다우며 단아한 멋이 있는 한국의 전통 의상은 무엇입니까?

답변 한복입니다.

51 외투처럼 길게 생긴 것으로 주로 외출할 때 입는 한복 웃옷은 무엇입니까?

답변 두루마기입니다.

52 의식을 진행할 때 부녀자가 예복에 갖추어 쓰던 관은 무엇입니까?

답변 족두리입니다.

53 옛날 성인 남자가 머리카락을 모두 올려 빗어 정수리 위에서 틀어 감아 맨 머리 모양을 부르는 말은 무엇입니까?

답변 상투입니다.

54 옛날 어른이 된 남자들이 머리에 쓰던 테가 넓고 둥근 모양의 의관은 무엇입니까?

답변 갓입니다.

✪
55 한복을 입을 때 신는 것으로 발을 따뜻하게 하기 위해 천으로 만들어 발에 신는 것을 부르는 말은 무엇입니까?

> **답변** 버선입니다.

56 한국에서 전통적으로 볏짚으로 삼은 신발을 부르는 말은 무엇입니까?

> **답변** 짚신입니다.

57 전통 건축 양식으로 지어진 주택을 부르는 말은 무엇입니까?

> **답변** 한옥입니다.

✪
58 한국의 고유한 난방 장치로 방바닥에 평평한 돌을 깔고 그 밑에 불기운이 지나갈 수 있는 통로를 굴뚝으로 연결시키는 것은 무엇입니까?

> **답변** 온돌입니다.

59 한옥에서 방과 방 사이에 깔아 놓는 것으로, 습기나 지열 혹은 해충이나 짐승을 피하기 위한 거주 공간은 무엇입니까?

[답변] 마루입니다.

60 한옥에서 지붕을 덮기 위하여 점토를 틀에 넣어 일정한 모양으로 가마에서 구워 만든 것은 무엇입니까?

[답변] 기와입니다.

61 한옥에서 지붕의 밑부분으로 서까래가 기둥 밖으로 나온 부분이 비바람으로부터 벽을 보호하고 뜨거운 볕을 가려주는 곳을 무엇이라고 부르나요?

[답변] 처마입니다.

02 전통놀이와 문화, 가족

1. 한국의 전통놀이

① **윷놀이** : 설날에 즐기는 놀이의 하나로 4개의 윷가락을 던지고 말을 사용하여 승부를 겨루는 놀이

② **줄다리기** : 둘로 갈라 마주 서서 동아줄을 서로 잡아당기게 하여 상대에게 끌려가지 않고 끌어당겨 승부를 가리는 놀이

③ **씨름** : 두 사람이 샅바나 띠 또는 바지의 허리춤을 잡고 힘과 기술을 겨루어 상대를 먼저 땅에 넘어뜨리는 것으로 승부를 결정하는 민속놀이이자 운동경기

④ **강강술래** : 주로 추석날 밤에 부녀자들이 손과 손을 잡고 '강강술래'라는 후렴이 있는 노래를 부르면서 원을 그리며 돌면서 춤을 추는 놀이

⑤ **제기차기** : 제기가 바닥으로 떨어지지 않도록 발로 툭툭 차는 놀이

2. 한국의 전통문화

① **아리랑** : 한국의 대표적인 민요로 유네스코 인류무형문화유산으로 지정되었다. 지역별로 다양한 종류가 있는데, 정선아리랑, 진도아리랑, 밀양아리랑이 대표적이다.

② **판소리** : 북장단에 맞추어 소리꾼이 몸짓을 섞어 가면서 일정한 대사와 소리로 이야기를 엮어 나가는 우리 민족 고유의 민속음악이다.

③ **탈춤** : 얼굴에 탈을 쓰고 추는 한국의 춤으로 봉산탈춤, 하회별신굿탈놀이, 강릉관노가면극 등이 있다.

④ **태권도** : 대한민국 고유의 전통 무술로, 태권도는 아무런 무기 없이 언제 어디서나 손과 발을 이용해 공격 또는 방어할 수 있다.

⑤ **사물놀이** : 꽹과리, 징, 장구, 북 등 네 가지 농악기로 연주하는 민속음악이다.

⑥ **택견** : 유연하고 율동적인 춤과 같은 동작으로 상대를 공격하거나 다리를 걸어 넘어뜨리는 한국 전통 무술로 유네스코 인류무형문화유산이다.

⑦ **맷돌** : 둥글넓적한 돌 두 짝을 포개고 윗돌 아가리에 갈 곡식을 넣으면서 손잡이를 돌려서 곡식을 가는 도구이다.

⑧ **사군자** : 매화, 난초, 국화, 대나무로 조선 시대 선비들의 그림 소재로 많이 쓰였다.

3. 한국의 가족 문화

① 한국 사회의 가족 형태

  ㉠ 대가족 : 한 집에 조부모, 부모, 자녀 등 여러 세대의 가족이 같이 모여 사는 형태

  ㉡ 핵가족 : 부모와 미혼 자녀가 함께 사는 형태

  ㉢ 1인 가구의 증가(싱글족) : 결혼을 하지 않고 혼자서 가정을 이루어 살아가는 사람

  ㉣ 아이 없는 맞벌이 부부의 증가

  ㉤ 결혼하는 연령이 높아지고 있으며, 이에 따라 많은 나이에 출산하는 고령 출산이 증가하고 있다.

  ㉥ 한 부모 가족(엄마, 아빠 중 한 부모와 사는 가족), 조손 가족(할아버지, 할머니와 손자가 사는 가족), 다문화 가족(결혼 이민자나 외국인으로 대한민국 국적을 취득한 자와 출생, 인지, 귀화에 의해 국적을 취득한 자로 이루어진 가족)

② 한국 가족 문화의 특징 : 전통 유교사상과 이에 따른 효사상 등으로 인해 명절이나 제삿날(돌아가신 날 돌아가신 조상을 존경하는 마음으로 음식을 차려 올림), 부모의 생일 등 기념일에 가족이 한자리에 모여 마음을 나눈다.

③ 가족 관계 호칭

　㉠ **부부** : 결혼을 하게 되면 부부간에는 주로 '여보', '당신'이라고 부름.

　㉡ **배우자의 부모** : 장인어른, 장모님, 아버님, 어머님

　㉢ **남편의 형제** : 형님(남편의 누나), 아가씨(남편의 여동생), 아주버님(남편의 형), 도련님 또는 서방님(남편의 남동생)

　㉣ **아내의 형제** : 처형(아내의 언니), 처제(아내의 여동생), 형님(아내의 오빠), 처남(아내의 남동생)

④ 친척 관계 촌수

　㉠ **1촌** : 부모와 자녀 간의 관계

　㉡ **2촌** : 형제자매 간의 관계

　㉢ **3촌** : 내가 결혼을 해서 아이를 낳은 경우 나의 형제자매와 내 아이의 관계

　㉣ **4촌** : 남편이나 아내의 형제자매에게서 태어난 아이들 간의 관계

　㉤ **부부** : 동일한 위치에 있다고 보기 때문에 촌수를 따지지 않음.

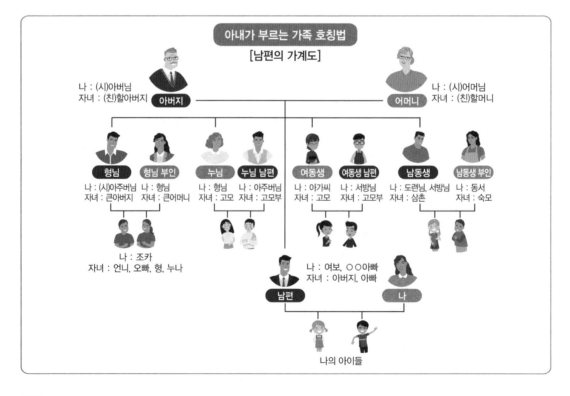

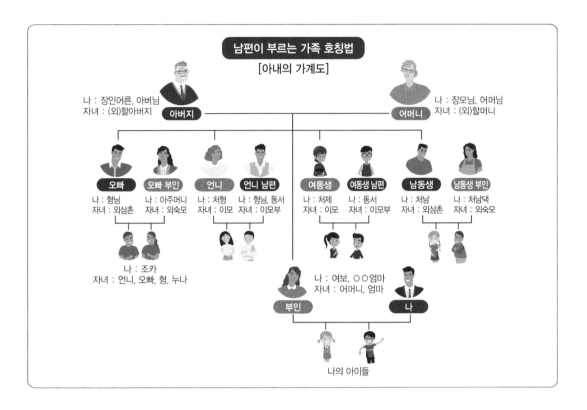

KIIP 핵심 유형 익히기

✪ 01 주로 추석에 하는 전통놀이로 손에 손을 잡고 빙글빙글 돌면서 노래를 부르고 춤을 추는 것을 무엇이라 합니까?

> **답변** 강강술래입니다.

> > **유제** 한가윗날(추석) 둥근 보름달 아래에서 손에 손을 잡고 원을 그리며 도는 전통놀이는 무엇입니까?
> >
> > **답변** 강강술래입니다.

✪ 02 정월대보름에 하는 한국 고유의 민속놀이 중 하나로 많은 인원이 두 편으로 나뉘어 양쪽에서 줄을 잡아당겨 승패를 겨루는 경기는 무엇입니까?

> **답변** 줄다리기입니다.

✪ 03 예로부터 내려오는 한국의 전통적 기예의 하나로, 두 사람이 샅바나 띠 또는 바지의 허리춤을 잡고 힘과 기술을 겨루어 상대를 먼저 땅에 넘어뜨리는 것으로 승부를 결정하는 민속놀이이자 운동경기는 무엇입니까?

> **답변** 씨름입니다.

✪
04 설날에 즐기는 놀이의 하나로 4개의 윷가락을 던지고 말을 사용하여 승부를 겨루는 전통놀이는 무엇입니까?

　　답변　윷놀이입니다.

✪
05 엽전이나 쇠붙이에 얇고 질긴 종이나 천을 접어서 싼 다음, 끝을 여러 갈래로 찢어 너풀거리게 한 놀이기구인 제기가 바닥으로 떨어지지 않도록 발로 툭툭 차는 전통놀이는 무엇입니까?

　　답변　제기차기입니다.

06 음력 1월 1일 설날 한 해를 시작하면서 하는 전통놀이에는 무엇이 있습니까?

　　답변　연날리기, 제기차기, 윷놀이 등이 있습니다.

07 음력 8월 15일 추석에 한 해 농사를 끝내고 하는 전통놀이는 무엇이 있습니까?

　　답변　달맞이, 강강술래, 줄다리기 등이 있습니다.

08 수릿날이라고도 불리는 단오에 하는 전통놀이는 무엇이 있습니까?

　　답변　그네뛰기와 씨름 등이 있습니다.

09 한국의 전통놀이 종류를 말해 보세요.

> 답변 강강술래, 줄다리기, 그네뛰기, 씨름, 고누놀이, 연날리기, 제기차기, 윷놀이, 쥐불놀이 등이 있습니다.

✪
10 둥글넓적한 돌 두 개를 아래 위로 포개고 윗돌 가운데 구멍에 갈 곡식을 넣으면서 손잡이를 돌려서 곡식을 가는 도구는 무엇입니까?

> 답변 맷돌입니다.

11 3개의 세대 이상으로 이루어진 가족이 같이 모여 사는 형태를 부르는 말은 무엇입니까?

> 답변 대가족입니다.

12 부부와 미혼 자녀로 구성되는 가족 형태를 부르는 말은 무엇입니까?

> 답변 핵가족입니다.

✪
13 아내가 남편의 어머니를 부르는 호칭을 말해 보세요.

> 답변 어머님이라고 부릅니다.

✪ 14 아내가 남편의 아버지를 부르는 호칭을 말해 보세요.

답변 아버님이라고 부릅니다.

15 아내가 남편의 형을 부르는 호칭을 말해 보세요.

답변 아주버님이라고 부릅니다.

16 아내가 남편의 결혼하지 않은 남동생을 부르는 호칭을 말해 보세요.

답변 도련님이라고 부릅니다.

17 아내가 남편의 결혼한 남동생을 부르는 호칭을 말해 보세요.

답변 서방님이라고 부릅니다.

✪ 18 남편이 아내의 어머니를 부르는 호칭을 말해 보세요.

답변 장모님, 어머님이라고 부릅니다.

✪
19 남편이 아내의 아버지를 부르는 호칭을 말해 보세요.

> **답변** 장인어른, 아버님이라고 부릅니다.

20 아내가 남편의 누나를 부르는 호칭을 말해 보세요.

> **답변** 형님이라고 부릅니다.

21 아내가 남편의 여동생을 부르는 호칭을 말해 보세요.

> **답변** 아가씨라고 부릅니다.

22 남편이 아내의 언니를 부르는 호칭을 말해 보세요.

> **답변** 처형이라고 부릅니다.

23 남편이 아내의 여동생을 부르는 호칭을 말해 보세요.

> **답변** 처제라고 부릅니다.

24 남편이 아내의 오빠를 부르는 호칭을 말해 보세요.

> **답변** 형님이라고 부릅니다.

25 남편이 아내의 남동생을 부르는 호칭을 말해 보세요.

답변 처남이라고 부릅니다.

26 부모와 자녀 간의 관계는 몇 촌입니까?

답변 1촌입니다.

27 형제자매 간의 관계는 몇 촌입니까?

답변 2촌입니다.

28 내가 결혼을 해서 아이를 낳은 경우 나의 남동생과 내 아이의 관계는 몇 촌입니까?

답변 3촌입니다.

29 남편이나 아내의 형제자매에게서 태어난 아이들 간의 관계는 몇 촌입니까?

답변 4촌입니다.

Chapter 04 한국의 정치와 법

01 행정부

1. 행정부의 의미와 구성

① 행정부(정부) : 국회가 만든 법을 기반으로 하여 국민에게 필요한 정책을 실시하면서 나라의 살림을 이끌어 가는 곳

② 행정부의 구성

㉠ 대통령 : 국민의 직접선거로 5년마다 선출되며, 행정부의 최고 책임자이자 한국을 대표하는 정치 지도자로 국무회의를 거쳐 국가의 여러 가지 중요한 일을 결정함.

※ 역대 대통령 : 이승만(1~3대, 대한민국 초대 대통령) ⇨ 윤보선(4대) ⇨ 박정희(5~9대) ⇨ 최규하(10대) ⇨ 전두환(11~12대) ⇨ 노태우(13대) ⇨ 김영삼(14대) ⇨ 김대중(15대) ⇨ 노무현(16대) ⇨ 이명박(17대) ⇨ 박근혜(18대) ⇨ 문재인(19대) ⇨ 윤석열(20대)

㉡ 국무총리 : 행정 각 부처를 총괄하는 행정부의 2인자로서 대통령을 도와 행정부의 여러 정책을 종합적으로 관리하는 역할

㉢ 장관 : 대통령과 국무총리의 지휘를 받아 행정부의 국방, 외교, 문화, 경제 등 각 부처 일을 이끌어 가는 책임자

㉣ 국무회의 : 대통령 및 국무총리와 행정 각 부 장관을 비롯한 국무위원으로 구성된 행정부의 최고 심의 기관

2. 대한민국 대통령의 지위와 권한

① 국군을 지휘하는 권한
② 공무원을 임명하는 권한
③ 외국과 조약을 체결할 수 있는 권한
④ 국회가 만든 법률안을 거부할 수 있는 권한
⑤ 범죄를 저지른 사람의 형벌을 줄여주거나 면제해 줄 수 있는 권한 등

3. 정부의 역할

행정안전부	전자 정부, 지방 자치 제도, 선거・국민투표 등에 관한 업무
기획재정부	경제정책과 예산 및 세제 등을 총괄
과학기술 정보통신부	과학기술정책의 수립 등과 과학기술의 연구개발, 정보보호, 정보통신산업, 우편 관련 사무 등
통일부	통일, 남북대화와 교류 및 협력 등
국방부	국방 및 안보와 관련된 일
문화체육관광부	국정에 대한 홍보와 문화, 체육, 예술, 관광 등
산업통상자원부	산업육성과 무역 및 투자유치, 에너지 및 자원정책 등
환경부	자연환경과 생활환경의 보전 및 환경오염 방지에 관한 업무
농림축산식품부	농업, 축산, 산림 및 식품산업에 관한 업무
고용노동부	근로자의 노동조건 개선, 노사관계의 조정, 근로자의 복지 등
교육부	교육에 관한 중장기 발전계획을 수립하고, 다양한 교육 제도 등을 개선하고 수립・시행
외교부	외교, 외국과의 통상교섭 및 조정, 외국 교민 보호 등
법무부	법질서와 관련된 일로 법을 집행
보건복지부	국민건강과 복지에 관한 정책을 수립하고 시행
여성가족부	여성정책, 영유아 보육사업, 성폭력 및 성매매 방지, 여성인력 개발 업무
국토교통부	국토종합계획의 수립과 조정, 교통과 관련된 다양한 정책 수립과 시행

해양수산부	해양자원의 보호와 개발 등에 관한 업무
중소벤처기업부	중소기업 정책의 기획·종합, 중소기업의 보호·육성, 벤처기업 등의 지원 등
국가보훈부	국가유공자와 보훈가족의 영예로운 삶이 보장되도록 보훈정책을 수립, 지원

KIIP 핵심 유형 익히기

✪
01 대통령을 중심으로 국가와 국민에게 필요한 일을 직접 수행하는 기관을 무엇
이라고 합니까?

답변   행정부입니다.

02 행정부의 최고 책임자로서, 국무회의를 거쳐 여러 가지 중요한 일을 결정하고
행정부를 지휘·통솔하는 역할을 하는 사람은 누구입니까?

답변   대통령입니다.

✪
03 5년마다 국민이 직접 뽑으며, 다른 나라에 대하여 한국을 대표하는 지도자는
누구입니까?

답변   대통령입니다.

유제   외국에 대해 대한민국을 대표하는 행정부의 최고 통치권자는 누
구입니까?

답변   대통령입니다.

✪
04 대통령을 도와 각 부를 관리하고, 대통령이 외국을 방문하거나 특별한 이유로 일하지 못하면 대통령의 임무를 대신하는 사람은 누구입니까?

> 답변 국무총리입니다.

05 행정부의 최고 심의 기관으로 대통령이 의장, 국무총리가 부의장, 국무위원으로 구성되며 정부의 권한에 속하는 중요한 정책을 심의하는 회의는 무엇입니까?

> 답변 국무회의입니다.

✪
06 법무부, 교육부, 행정안전부 등과 같은 여러 기관은 나라의 일을 전문적으로 처리하는데 각 부의 책임자를 무엇이라고 합니까?

> 답변 장관입니다.

07 대한민국 정부기관 중 전자 정부, 지방 자치 제도, 선거·국민투표 등에 관한 업무 등을 맡아보는 곳은 어디입니까?

> 답변 행정안전부입니다.

> 유제 행정부의 각 부서 가운데 국민 안전, 편의와 관련된 일을 관장하는 중앙행정기관은 무엇입니까?
> 답변 행정안전부입니다.

08 대한민국 정부기관 중 국민건강과 복지에 관한 정책을 수립하고 시행하는 곳은 어디입니까?

답변 보건복지부입니다.

유제 행정부의 각 부서 가운데 국민의 건강, 생활보호, 사회보장, 보건위생과 관련된 일을 관장하는 중앙행정기관은 무엇입니까?

답변 보건복지부입니다.

09 대한민국 정부기관 중 근로자의 노동조건 개선, 노사관계의 조정, 근로자의 복지 등을 수립하고 시행하는 곳은 어디입니까?

답변 고용노동부입니다.

10 행정부의 각 부서 가운데 고용정책의 총괄, 고용보험, 직업능력개발훈련, 근로조건의 기준, 근로자의 복지 후생, 노사관계의 조정, 산업안전보건 등 일자리와 관련된 일을 관장하는 중앙행정기관은 무엇입니까?

답변 고용노동부입니다.

유제 행정부의 부처 중 실업급여, 취업 지원, 근로기준 등 근로자와 관련한 대부분의 일을 처리하는 곳은 어디입니까?

답변 고용노동부입니다.

11 대한민국 정부기관 중 외교, 국제관계, 국제협정, 재외국민의 보호·지원 등 국가 간 외교와 관련된 일을 처리하는 곳은 어디입니까?

답변　외교부입니다.

유제　행정부의 각 부서 가운데 외교, 외국과의 통상교섭 및 조정, 외국 교민 보호 등을 맡아보는 중앙행정기관은 무엇입니까?

답변　외교부입니다.

12 대한민국 정부기관 중 교육에 관한 중장기 발전계획을 수립하고, 다양한 교육제도 등을 개선하고 수립·시행하는 곳은 어디입니까?

답변　교육부입니다.

13 행정부의 각 부서 가운데 법질서와 관련된 일을 맡아보는 중앙행정기관은 무엇입니까?

답변　법무부입니다.

유제　대한민국 정부기관 중 검찰·행형·인권옹호·출입국관리, 그 밖에 법무에 관한 사무를 관장하는 곳은 어디입니까?

답변　법무부입니다.

14 행정부의 각 부서 가운데 자연환경과 생활환경의 보전 및 환경오염 방지에 관한 업무를 맡아보는 중앙행정기관은 무엇입니까?

답변 　환경부입니다.

15 대한민국 정부기관 중 여성정책, 영유아 보육사업, 성폭력 및 성매매 방지, 여성인력개발 업무를 맡아보는 곳은 어디입니까?

답변 　여성가족부입니다.

16 행정부의 각 부서 가운데 국방 및 안보와 관련된 일을 맡아보는 중앙행정기관은 무엇입니까?

답변 　국방부입니다.

　　유제 　대한민국 정부기관 중 국방에 관련된 군정 및 군령과 그 밖에 군사에 관한 사무를 관장하는 곳은 어디입니까?
　　답변 　국방부입니다.

17 대한민국 정부기관 중 경제정책과 예산 및 세제 등을 총괄하는 곳은 어디입니까?

답변 　기획재정부입니다.

18 행정부의 각 부서 가운데 과학기술정책의 수립 등과 과학기술의 연구개발, 정보보호, 정보통신산업, 우편 관련 사무 등을 맡아보는 중앙행정기관은 무엇입니까?

> **답변** 과학기술정보통신부입니다.

✪
19 대한민국 정부기관 중 통일, 남북대화와 교류 및 협력 등을 맡아보는 곳은 어디입니까?

> **답변** 통일부입니다.

> **유제** 행정부의 각 부서 가운데 통일 및 남북대화 · 교류 · 협력에 관한 정책의 수립, 통일교육, 기타 통일에 관한 사무를 맡아보는 중앙행정기관은 무엇입니까?
>
> > **답변** 통일부입니다.

20 대한민국 정부기관 중 농업, 축산, 산림 및 식품산업에 관한 업무를 담당하는 곳은 어디입니까?

> **답변** 농림축산식품부입니다.

21 행정부의 각 부서 가운데 국토종합계획의 수립과 조정, 교통과 관련된 다양한 정책 수립과 시행을 하는 중앙행정기관은 무엇입니까?

> **답변** 국토교통부입니다.

22 대한민국 정부기관 중 국정에 대한 홍보와 문화, 체육, 예술, 관광 등을 맡아
보는 곳은 어디입니까?

답변 문화체육관광부입니다.

23 행정부의 각 부서 가운데 산업육성과 무역 및 투자유치, 에너지 및 자원정책
등을 맡아보는 중앙행정기관은 무엇입니까?

답변 산업통상자원부입니다.

24 대한민국 정부기관 중 해양자원의 보호와 개발 등에 관한 업무를 담당하는 곳
은 어디입니까?

답변 해양수산부입니다.

25 행정부의 각 부서 가운데 중소기업 정책의 기획 · 종합, 중소기업의 보호 · 육
성, 벤처기업 등의 지원 등을 맡아보는 중앙행정기관은 무엇입니까?

답변 중소벤처기업부입니다.

02 입법부와 사법부

1. 국회(입법부)

① 국회 : 국민의 뜻을 반영하여 국민 생활에 필요한 법을 만들거나 국가의 중요한 일을 결정하는 곳

② 국회의원 : 국회의 구성원으로 국민들이 4년마다 선거를 통해 선출, 나라에 관련된 일을 논의하고 법을 제정하는데 지역구 국회의원과 비례대표 국회의원으로 구분, 피선거권(18세 이상)

③ 국회의 역할 : 입법기능, 재정기능, 국정통제기능

    ㉠ 입법기능 : 법률을 만들거나 고침.

    ㉡ 재정기능 : 행정부가 1년 동안의 나라 살림에 대한 계획을 수립하면 이를 심사하여 확정

    ㉢ 국정통제기능 : 행정부와 사법부가 자기 역할을 잘 수행하는지 감시하고 견제

④ 국회의사당 : 국회의원들이 국정을 논의하는 장소로 한국 민주주의의 상징

⑤ 국정감사 : 행정부가 한 국정 전반에 관한 조사를 국회가 행하는 것

2. 법원(사법부)

① 법원의 역할 : 법을 해석하여 법에 따라 분쟁을 해결하는 곳으로 위법에 따른 처벌을 함.

    ㉠ 판사 : 공정하게 재판을 진행하고 유죄, 무죄 여부와 유죄인 경우 얼마나 형벌을 줄 것인지를 결정하는 사람

    ㉡ 검사 : 국가기관을 대신하여 피고인의 유죄를 주장하고, 이를 증명하기 위하여 필요한 증거를 제출하는 국가의 대리인

    ㉢ 변호사 : 피고인을 대리하여 피고인을 위한 주장을 하거나 피고인에게 유리한 증거를 제출하는 등 피고인을 방어하는 역할을

담당하는 사람

② **법원의 종류** : 대법원, 고등법원, 지방법원, 가정법원 등

ㄱ 대법원 : 최고 심급의 법원으로 3심을 담당한다.

ㄴ **고등법원** : 2심을 담당하며, 특별시와 광역시에 있다.

ㄷ **지방법원** : 1심을 담당하며, 서울과 지방의 중심도시에 있다.

ㄹ **기타** : 가정과 소년에 관한 사건을 담당하는 가정법원, 행정 사건을 담당하는 행정법원, 특허에 관한 사건을 담당하는 특허법원이 있다.

③ 3심 제도 : 공정한 재판이 이루어지도록 같은 사건에 대해 세 번 심판을 받을 수 있는 심급제도를 말한다.

※ 헌법재판소 : 한 나라의 최고법인 헌법을 수호하기 위해 만들어진 헌법재판 기관으로 기본권 침해 구제를 담당한다.

KIIP 핵심 유형 익히기

01 국민 생활에 필요한 법을 만들거나 고치는 역할은 매우 중요한데 이 일을 담당하는 곳을 무엇이라고 합니까?

답변 입법부라고 합니다.

02 국민이 선거를 통해 직접 선출한 대표들로 이루어진 국가기관으로서 법률을 제정하는 곳은 어디입니까?

답변 국회입니다.

유제 정부가 법에 따라 일을 잘하고 있는지 국정감사와 국정조사를 실시하는 국가기관은 어디입니까?

답변 국회입니다.

03 국민의 선거로 4년마다 선출하며, 나라의 중요한 일을 의논하고 결정하는 사람은 누구입니까?

답변 국회의원입니다.

04 국회에서 법을 만드는 국회의원의 임기는 몇 년입니까?

〔답변〕 4년입니다.

05 대한민국에서 국회의원이 될 자격을 가지는 나이는 몇 세입니까?

〔답변〕 18세 이상의 국민입니다.

06 국회의원들이 국정을 논의하는 장소로 한국 민주주의의 상징인 건물은 무엇입니까?

〔답변〕 국회의사당입니다.

07 정부가 법에 따라 일을 잘하고 있는지 확인하려고 국민의 대표 기관인 국회에서 하는 감사는 무엇입니까?

〔답변〕 국정감사입니다.

08 삼권 분립에 따라 법을 해석하고 적용하여 법에 따라 분쟁을 해결하는 국가기관은 어디입니까?

〔답변〕 사법부입니다.

09 한국에서 사법부의 역할을 담당하는 곳으로 법을 해석하여 법에 따라 분쟁을 해결하는 국가기관은 어디입니까?

답변   법원입니다.

10 피고와 원고가 법정에서 진술하는 내용과 증거를 바탕으로 제3자의 입장에서 판결을 내리는 사람은 누구입니까?

답변   판사입니다.

11 형사 재판에서 범죄 사실을 수사하고, 소송을 제기하여 피고인의 처벌을 요구하는 사람은 누구입니까?

답변   검사입니다.

12 원고나 피고의 편에 서서 법률적인 도움을 줄 수 있는 사람은 누구입니까?

답변   변호사입니다.

✪
13 이름을 바꿀 충분한 이유가 있는 경우에 이를 허가해 주는 곳은 어디인가요?

답변   법원입니다.

14 대한민국 법원의 종류를 말해 보세요.

　　답변 　대법원, 고등법원, 지방법원, 가정법원 등이 있습니다.

15 사법부에서 가장 높은 기관으로 대법원장과 대법관으로 구성되어 있는 법원은 무엇입니까?

　　답변 　대법원입니다.

16 특별시와 광역시에 있으며, 2심 재판을 담당하는 법원은 무엇입니까?

　　답변 　고등법원입니다.

17 서울과 지방의 중심도시에 설치되어 있으며, 1심 재판을 담당하는 법원은 무엇입니까?

　　답변 　지방법원입니다.

18 가정에 관한 일, 청소년에 관한 일에 대한 판결을 주로 담당하는 법원은 무엇입니까?

　　답변 　가정법원입니다.

19 나라의 최고법인 헌법을 수호하기 위해 만들어진 헌법 재판 기관으로 기본권 침해 구제를 담당하는 국가기관은 무엇입니까?

> **답변** 헌법재판소입니다.

20 구체적인 문제에서는 어떻게 하는 것이 헌법에 부합하는지에 관하여 국가기관 사이, 또는 국가기관과 국민 사이에서 다툼을 해결하여 국가 공권력 작용이 헌법을 준수토록 하고 국민의 기본권을 보호해 주는 국가기관은 무엇입니까?

> **답변** 헌법재판소입니다.

> **유제** 헌법과 관련된 다툼을 해결하는 일을 하기 위해 만들어진 기관은 무엇입니까?
>
> > **답변** 헌법재판소입니다.

21 한 사건에 원칙적으로 세 번까지 재판을 받을 수 있는 제도는 무엇입니까?

> **답변** 3심 제도(삼심 제도)입니다.

03 한국의 민주 정치와 지방 자치

1. 한국의 민주주의

① **민주주의의 의미** : 국민이 국가의 주인으로서 국가 권력을 가지고, 그 권력을 스스로 행사하는 정치 체제

② **주권** : 국가의 의사를 최종적으로 결정하는 권력으로 국민에게 있음.

③ **시장 경제 체제** : 개인이 각자의 이익을 추구하도록 개인의 자유를 최대한 보장하는 경제 체제

④ **민주주의의 구분**
　㉠ **직접민주주의** : 모든 국민이 직접 참여하여 국가의 중요한 일을 결정하는 방식
　㉡ **간접민주주의** : 국민의 대표를 뽑아 그 사람들로 하여금 국가의 중요한 일을 결정하도록 하는 방식
　㉢ **한국의 민주주의 방식** : 기본적으로 간접민주주의를 채택하고 있고, 국민투표와 같이 부분적으로 직접민주주의적인 요소도 가지고 있음.

⑤ **권력 분립**(삼권 분립) : 민주주의 국가에서 권력의 집중과 남용을 방지하기 위해 국가 권력이 어느 한 기관에 집중되지 않고 적절한 균형을 이룰 수 있도록 권력을 나누어 놓는 것

⑥ **국민이 정치 참여하는 방법**
　㉠ **여론** : 국민 다수의 공통된 의견으로 정부는 여론에 귀를 기울여야 함.
　㉡ **선거** : 대표자를 선출하거나 직접 출마하는 것으로 가장 기본적인 정치 참여 방법임.
　㉢ **집회·시위** : 다른 사람들에게 자신의 의견이나 주장을 직접 알리는 정치 참여 방법임.

   ② 언론 : 신문이나 TV, 인터넷 등을 이용하여 사람들의 관심을 모으고 자신의 의견을 널리 알리는 것
  ⑦ 한국 민주 정치의 발전
   ㉠ 4·19 혁명(1960) : 이승만 정권의 독재와 부정 선거에 저항
   ㉡ 5·18 민주화 운동(1980) : 군부 세력의 퇴진 및 민주 정부 수립 등을 요구하며 광주 시민들을 중심으로 일어난 민주화 운동
   ㉢ 6월 민주 항쟁(1987) : 비민주적인 군사독재 정권에 반대하여 전국적으로 일어난 민주화 운동으로 대통령 직선제 개헌이 이루어짐.

2. 한국의 선거 제도

 ① 선거 : 민주주의 국가에서 정치에 참여하는 기본적인 방법으로 국민이 자신을 대표할 사람을 직접 뽑는 것
 ② 선거권 : 투표할 수 있는 권리로 한국에서는 18세 이상이면 선거권이 주어짐.
 ③ 투표 : 선거를 하거나 어떤 일을 결정할 때에 정해진 용지에 의사를 표시하여 일정한 곳에 내는 일
  ※ 사전투표 : 선거일에 다른 일정 때문에 투표를 할 수 없는 경우 미리 투표할 수 있는 제도
 ④ 다수결의 원리 : 국가 정책을 결정할 때 보다 많은 사람들의 의견에 따른 결정을 말한다.
 ⑤ 선거의 4대 원칙 : 보통·평등·직접·비밀 선거
  ㉠ 보통 선거 : 국민으로서 18세가 되면 누구나 선거에 참여할 수 있다는 것이다.
  ㉡ 평등 선거 : 성별·재산·학력·권력·종교 등의 조건에 관계없이 공평하게 한 표씩 투표한다는 것이다.
  ㉢ 직접 선거 : 선거권을 가진 국민들이 직접 투표하여 자신의 대표를 뽑는다는 것이다.

   ② 비밀 선거 : 투표한 사람이 어느 후보나 정당을 선택했는지 다른 사람이 알지 못하게 한다는 것이다.

  ⑥ 선거의 종류

   ⑤ 대통령 선거(대선) : 5년마다 치러지는 선거로 대통령을 선출 (대통령 단임제)

   ⑥ 국회의원 총선거(총선) : 4년마다 치러지는 국회의원 선출 선거

   ⑦ 지방 선거 : 4년마다 치러지는 지방 의회 의원, 지방 자치 단체장, 교육감 선출 선거

  ⑦ 외국인의 정치 참여 : 한국에서 영주권을 얻은 뒤 3년이 지난 18세 이상의 외국인 중 지방 자치 단체의 외국인등록대장에 올라있는 사람은 투표(지방 선거) 가능

  ⑧ 정당 제도

   ⑤ 정당 : 정치에 대한 비슷한 생각과 입장을 가진 사람들이 함께 모여 만든 자발적 단체

   ⑥ 여당 : 대통령제 국가에서 대통령을 배출하여 정권을 잡은 정당

   ⑦ 야당 : 정당정치에서 현재 정권을 잡고 있지 않은 정당

   ② 복수정당제 : 두 개 이상의 정당이 정치활동을 할 수 있도록 보장하는 제도

3. 지방 자치제의 의미와 모습

  ① 지방 자치제의 의미

   ⑤ 지역 주민이 스스로 자기 지역의 대표자를 뽑아서 지역의 일을 처리하게 하는 제도

   ⑥ 지역 주민의 삶에 가까이 밀착되어 있다는 의미에서 '풀뿌리 민주주의'라고도 부름.

  ② 필요성 : 지역의 특수성을 반영한 행정 업무를 처리하고, 중앙 정부의 권력 남용 방지

③ 지방 자치 단체의 종류

ㄱ 광역 자치 단체 : 특별시, 광역시, 특별자치시, 도, 특별자치도

ㄴ 기초 자치 단체 : 시·군·구

④ 한국의 행정구역

ㄱ 특별시(1개) : 서울특별시

ㄴ 광역시(6개) : 부산광역시, 대구광역시, 인천광역시, 광주광역시, 대전광역시, 울산광역시

ㄷ 특별자치시(1개) : 세종특별자치시

ㄹ 도(6개) : 경기도, 충청북도, 충청남도, 전라남도, 경상북도, 경상남도

ㅁ 특별자치도(3개) : 제주특별자치도, 강원특별자치도, 전북특별자치도

ㅂ 특례시(5개) : 수원특례시, 용인특례시, 고양특례시, 창원특례시, 화성특례시

⑤ 주민참여제도

ㄱ 의의 : 지역 문제를 해결하는 과정에 지역 주민들이 적극 참여하는 것은 매우 중요함.

ㄴ 주민발의 : 필요한 조례를 만들거나 고치고, 불필요한 조례는 없앨 것을 요구할 수 있는 제도

- 주민투표 : 지방 자치 단체의 중요한 정책을 주민의 투표로 결정하는 제도

ㄷ 주민참여 예산제 : 지방 자치 단체가 지역의 예산을 정하는 과정에서 주민의 의견을 듣고 반영할 수 있도록 하는 제도

ㄹ 주민소환 : 지역의 대표들이 맡은 바 책임을 다하지 않았을 때 주민들의 투표를 통하여 자리에서 물러나게 할 수 있는 제도

KIIP 핵심 유형 익히기

✪
01 인간의 존엄, 자유, 평등을 기본 정신으로 하며, 국민이 주인이 되는 정치를 무엇이라고 하나요?

[답변] 민주주의입니다.

02 국민이 직접 정치가가 되거나 국민이 대표를 뽑아 나라를 다스리는 정치 형태를 무엇이라고 하나요?

[답변] 민주주의입니다.

03 대한민국의 주권은 누구에게 있으며, 주권의 행사가 왜 중요한지 설명해 보세요.

[답변] 대한민국의 주권은 국민에게 있습니다. 민주 정치는 국민이 주인으로서 스스로 주권을 행사하는 정치 형태입니다. 주인인 국민이 스스로 정치에 참여하지 않는다면 민주 정치는 제대로 실현될 수 없습니다.

✪
04 국민이 직접 참여하여 국가의 중요한 일을 결정하는 방식의 민주주의는 무엇입니까?

[답변] 직접민주주의입니다.

✪ 05 국민의 대표를 뽑아 그 사람들로 하여금 국가의 중요한 일을 결정하도록 하는 방식의 민주주의는 무엇입니까?

　답변　간접민주주의입니다.

06 국민이 정치에 참여하는 방법을 말해 보세요.

　답변　국민이 정치에 참여하는 방법으로는 선거에서의 투표권 행사, 지역적 조직을 통한 참여, 시민 단체 활동, 이익 집단 활동, 정당 활동, 정부기관에의 청원 등이 있습니다.

07 민주 국가에서 국민이 정책 결정 과정에 참여하는 가장 기본적인 행위이며, 참정권을 행사하는 수단은 무엇입니까?

　답변　선거입니다.

08 민주주의 제도하에서 선거(투표)에 꼭 참여해야 하는 이유를 말해 보세요.

　답변　투표를 하여 국민의 주인된 권리를 행사하여야 올바른 민주 정치가 이루어지기 때문입니다.

✪ 09 이승만과 자유당 정권이 3·15 부정 선거를 실시하자 그동안 이승만과 자유당 정권의 부정부패와 독재에 불만을 가진 국민들이 민주주의를 지키기 위해 일어난 민주화 운동은 무엇입니까?

> **답변** 4·19 혁명입니다.

✪ 10 12·12 사태로 정권을 잡은 전두환 중심의 신군부 세력에 대항하여 발생한 민주화 운동은 무엇입니까?

> **답변** 5·18 민주화 운동입니다.

11 대통령을 직접 선출하고 민주 헌법을 만들고자 하는 국민의 요구 때문에 발생한 민주화 운동은 무엇입니까?

> **답변** 6월 민주 항쟁입니다.

✪ 12 한국 민주 정치의 발전에 영향을 미친 주요 사건으로는 무엇이 있는지 말해 보세요.

> **답변** 대한민국 헌법의 제정과 대한민국 정부 수립, 그리고 4·19 혁명, 5·18 민주화 운동, 1987년 6월 항쟁 등을 들 수 있습니다.

☉
13 국민이 정치에 참여하는 가장 기본적인 방법이며, 대표들이 나라를 다스리는 일에 정당성을 부여하는 민주 정치 제도는 무엇입니까?

[답변] 선거입니다.

14 국민이 국가의 의사 결정 과정에 참여할 수 있는 권리인 참정권은 무엇입니까?

[답변] 선거권입니다.

15 공직선거에 입후보해 당선인이 될 수 있는 국민의 기본권은 무엇입니까?

[답변] 피선거권입니다.

☉
16 한국에서 투표할 수 있는 권리인 선거권을 갖는 나이는 몇 세입니까?

[답변] 18세 이상이면 선거권이 주어집니다.

17 민주 정치에서 선거인이 누구를 당선인으로 할 것인가 하는 선택의 의사표시를 무엇이라고 하나요?

[답변] 투표입니다.

✪ 18 국가 정책을 결정할 때, 보다 많은 사람들의 의견에 따른 결정을 무엇이라 합니까?

답변 다수결 원리입니다.

> **유제** 민주 정치에서 다수의 의견이 소수의 의견보다 합리적일 것이라고 가정하고 다수의 의견을 채택하는 방법은 무엇입니까?
>
> **답변** 다수결의 원칙(다수결의 원리)입니다.

✪ 19 한국에서 5년마다 치러지는 대통령을 선출하는 선거는 무엇입니까?

답변 대통령 선거(대선)입니다.

20 대한민국에서 대통령 선거(대선)는 몇 년마다 하나요?

답변 5년입니다.

✪ 21 4년마다 치러지는 국회의원을 선출하는 선거를 무엇이라 합니까?

답변 총선입니다.

✪ 22 국회의원 총선거(총선)는 몇 년마다 하나요?

답변 4년입니다.

23 4년에 한 번씩 지방 의회 의원, 지방 자치 단체장, 교육감을 선출하는 선거는 무엇입니까?

답변 지방 선거입니다.

✪ 24 민주주의 사회에서 이루어지는 공정한 선거를 위한 선거의 4대 원칙은 무엇입니까?

답변 보통 선거, 평등 선거, 직접 선거, 비밀 선거의 원칙입니다.

✪ 25 선거일 기준으로 18세 이상의 국민이면 누구나 투표할 수 있는 선거의 원칙은 무엇입니까?

답변 보통 선거입니다.

✪ 26 신분이나 재산, 성별, 학력 등 조건에 관계없이 누구나 한 사람이 한 표씩만 행사할 수 있는 선거의 원칙은 무엇입니까?

답변 평등 선거입니다.

27 누구에게 투표했는지 모르게 하는 선거의 원칙은 무엇입니까?

　답변　비밀 선거입니다.

28 다른 사람이 아닌 본인이 직접 투표를 해야 한다는 선거의 원칙은 무엇입니까?

　답변　직접 선거입니다.

29 선거일에 다른 일정 때문에 투표를 할 수 없는 경우 미리 투표할 수 있는 제도는 무엇입니까?

　답변　사전투표입니다.

30 국민의 자유와 권리를 보장하기 위하여 국가 권력을 입법, 사법, 행정으로 나누어 서로 다른 기관에 맡겨야 한다는 민주주의 원리는 무엇입니까?

　답변　삼권 분립(권력 분립)입니다.

　유제　한 기관이 국가의 중요한 일을 마음대로 처리할 수 없도록 국회, 정부, 법원이 서로 견제하고 균형을 이루게 하여 국민의 자유와 권리를 지키려는 제도는 무엇입니까?

　　답변　권 분립(권력 분립)입니다.

31 대한민국에서는 국가의 권력이 한 기구에 집중되는 것을 막기 위해 삼권 분립 제도를 시행하는데 국가 권력을 어떻게 나누고 있는지 설명해 보세요.

　답변 입법부, 사법부, 행정부로 중앙 정부 기능을 분산하고 있습니다.

☼
32 정치에 대한 비슷한 생각과 입장을 가진 사람들이 함께 모여 만든 자발적 단체를 무엇이라고 하나요?

　답변 정당입니다.

☼
33 대통령을 배출하여 정권을 잡은 정당을 무엇이라고 부르나요?

　답변 여당입니다.

34 현재 정권을 잡고 있지 않은 정당을 무엇이라고 부르나요?

　답변 야당입니다.

35 지역의 주민이 직접 선출한 지방 의회 의원과 지방 자치 단체장이 그 지역의 일을 처리하는 제도는 무엇입니까?

답변 지방 자치제입니다.

> **유제** 지역 주민들이나 자치 단체가 그 지역의 일을 스스로 처리하는 제도는 무엇입니까?
>
> **답변** 지방 자치제입니다.

36 한국의 행정구역 중 특별시는 어디입니까?

답변 서울특별시입니다.

37 지방 자치 단체 중 광역 자치 단체는 어디입니까?

답변 특별시, 광역시, 특별자치시, 도, 특별자치도입니다.

38 대한민국의 행정구역 중 광역시를 말해 보세요.

답변 부산광역시, 대구광역시, 인천광역시, 광주광역시, 대전광역시, 울산광역시 모두 6개입니다.

39 한국의 행정구역 중 광역시 숫자를 말해 보세요.

> 답변 6개입니다.

40 대한민국의 행정구역 중 특별자치시는 어디입니까?

> 답변 세종특별자치시입니다.

41 대한민국의 행정구역 중 특례시는 어디입니까?

> 답변 수원특례시, 용인특례시, 고양특례시, 창원특례시, 화성특례시 모두 5개가 있습니다.

42 대한민국의 행정구역 중 6개의 도를 말해 보세요.

> 답변 경기도, 충청북도, 충청남도, 전라남도, 경상북도, 경상남도가 있습니다.

43 대한민국의 행정구역 중 특별자치도는 어디입니까?

> 답변 제주특별자치도, 강원특별자치도, 전북특별자치도가 있습니다.

44 지방 자치 단체의 중요한 정책을 주민의 투표로 결정하는 제도를 무엇이라 합니까?

답변 주민투표입니다.

45 지역의 대표들이 맡은 바 책임을 다하지 않았을 때 주민들의 투표를 통하여 자리에서 물러나게 할 수 있는 제도는 무엇입니까?

답변 주민소환입니다.

04 대한민국 국민의 권리와 의무 및 주변국의 관계

1. 대한민국 국민의 권리

① 국민의 권리
- ㉠ 기본권 : 인간은 누구나 태어나면서부터 갖는 다른 사람에게 빼앗길 수 없는 권리로 헌법이 보장하는 국민의 기본적인 권리이며, 인간다운 생활을 영위하기 위해 필요불가결한 권리이다.
- ㉡ 대한민국 헌법에는 기본권의 종류가 평등권, 자유권, 사회권, 청구권, 참정권 등으로 구분되어 있다.

② 기본권의 종류
- ㉠ 자유권 : 국가로부터 부당한 간섭을 받지 않을 권리. 신체, 거주 이전, 종교, 사유재산권을 행사할 수 있다.
- ㉡ 평등권 : 신분이나 성별, 종교, 지역에 따라 차별을 받지 않을 권리
- ㉢ 참정권 : 정치에 참여할 수 있는 권리
- ㉣ 청구권 : 국가를 상대로 일정한 행위나 공정한 재판 등을 요청할 수 있는 권리
- ㉤ 사회권 : 최소한의 인간다운 생활을 위해 국민이 국가에 요구할 수 있는 적극적 권리(근로권, 교육권, 환경권)

2. 대한민국 국민의 의무

① 의무 : 법에 따라 개인의 의사와 관계없이 해야만 하는 일
② 대한민국 국민의 4대 기본 의무
- ㉠ 납세의 의무 : 대한민국 국민은 세금을 납부해야 하는 의무(반드시 법률에 의해서만 세금을 부과)
- ㉡ 교육의 의무 : 일정 연령의 자녀를 학교에 보내 교육을 받도록 해야 하는 의무(권리의 측면도 존재)

   ⓒ 근로의 의무 : 누구나 자신의 능력 범위 내에서 정당한 근로를 할 의무

   ⓔ 국방의 의무 : 일정한 연령과 조건의 한국 남자들은 나라의 안전과 발전을 위해 군대를 가야 하는 의무

 ③ 기타 의무의 종류

   ㉠ 재산권 행사의 공공복리 적합 의무 : 재산의 자유는 기본적으로 보장되지만, 이를 행사하는 경우 자신의 이익만 지나치게 추구하기보다는 공공복리를 고려할 의무

   ㉡ **준법의 의무** : 법은 개인과 공동체 전체의 유지와 발전, 보호를 위해 정해진 약속이므로 법을 지킬 의무

   ㉢ 환경 보전의 의무 : 쾌적한 환경에서 생활하도록 노력할 의무

   ㉣ **정치 참여의 의무** : 민주주의 국가에서는 국민의 뜻에 따라 정책이 결정되므로 대표자 선출과 정책 결정 과정에서 정치에 참여할 의무

3. 권리 보호 기관

① 국가인권위원회 : 모든 개인의 기본적 인권을 보호하기 위한 국가기관

② 국민권익위원회 : 부패 방지와 국민의 권리 보호 및 구제 서비스를 제공하는 국가기관

③ 한국소비자원 : 소비자보호법에 의해 소비자의 권익을 보호하기 위한 국가기관

④ 행정복지센터 : 주민들의 복지와 자치를 지원하고 지역 행정 업무를 담당하는 곳

⑤ 외국인지원센터 : 이민자나 외국인의 권리를 보호하는 기관

⑥ 대한법률구조공단 : 경제적으로 어렵거나 법을 모르기 때문에 법의 보호를 제대로 받지 못하는 사람들이 적법한 절차에 의하여 정당한 권리를 보호받을 수 있도록 하기 위한 기관

4. 한국과 주변국의 관계

① 중국 : 역사적으로 많은 문화적 교류가 있었고 한국전쟁 당시 북한을 지원하여 적대적인 관계였으나, 현재 최대 교역국임.

② 일본 : 과거 식민지 지배와 독도 문제로 한국과 갈등도 있으나 경제적, 문화적 교류도 활발함.

③ 러시아 : 한국전쟁 당시 북한을 지원하여 적대적인 관계였으나, 1990년 수교 이후 에너지, 기술, 자원 등의 영역에서 활발히 교류하고 있음.

④ 미국 : 남한의 우방국가로서 한국전쟁 당시 많은 도움을 주었으며 군사·정치·경제적 측면에서 밀접한 관계를 맺고 있음.

KIIP 핵심 유형 익히기

✪
01 인간이 태어나면서부터 갖는 다른 사람에게 빼앗길 수 없는 권리로 헌법이 보장하는 것은 무엇입니까?

> **답변** 기본권입니다.

✪
02 대한민국 헌법에서 보장하는 기본권의 종류 5가지는 무엇입니까?

> **답변** 평등권, 자유권, 사회권, 청구권, 참정권입니다.

03 국가에 대하여 인간다운 생활의 보장을 요구할 수 있는 권리로, 현대 복지 국가에서 강조되고 있는 기본권은 무엇입니까?

> **답변** 사회권입니다.

04 국가에 대해 일정한 행위를 신청할 수 있는 권리로 그 내용에 청원권, 재판 청구권, 국가 보상 청구권, 국가 배상 청구권 등이 있는 기본권은 무엇입니까?

> **답변** 청구권입니다.

✪
05 국가의 간섭 없이 개인이 자유롭게 자기 의사에 따라 행동할 수 있는 권리로, 신체의 자유, 종교의 자유, 거주 이전의 자유 등은 어떠한 기본권인지 말해 보세요.

　답변　자유권입니다.

✪
06 국민의 기본권 중 인종, 성별, 종교, 신분 등에 의해 부당하게 차별받지 않을 권리는 무엇입니까?

　답변　평등권입니다.

07 국민이 직·간접적으로 정치에 참여할 수 있는 권리는 어떠한 기본권인지 말해 보세요.

　답변　참정권입니다.

✪
08 대한민국 국민의 4대 기본 의무는 무엇입니까?

　답변　근로의 의무, 국방의 의무, 교육의 의무, 납세의 의무입니다.

09 부모가 자신의 자녀가 만 6세 이상이 되면 학교에 보내 의무교육을 받도록 해야 하는 기본 의무는 무엇입니까?

답변 교육의 의무입니다.

10 대한민국 국민의 4대 기본 의무 중 법률이 정하는 바에 따라 나라를 지킬 의무를 진다는 의무는 무엇입니까?

답변 국방의 의무입니다.

✪
11 헌법 제32조 제2항에 "모든 국민은 근로의 의무를 진다. 국가는 근로의 의무의 내용과 조건을 민주주의 원칙에 따라 법률로 정한다."고 규정되어 있는 의무는 무엇입니까?

답변 근로의 의무입니다.

✪
12 헌법 제38조에 "모든 국민은 법률이 정하는 바에 의하여 납세의 의무를 진다."고 규정되어 있는 의무는 무엇입니까?

답변 납세의 의무입니다.

13 헌법 제35조 제1항에 "모든 국민은 건강하고 쾌적한 환경에서 생활할 권리를 가지며, 국가와 국민은 환경 보전을 위하여 노력하여야 한다."고 규정되어 있는 의무는 무엇입니까?

　　답변　환경 보전의 의무입니다.

14 모든 개인이 가지는 불가침의 기본적 인권을 보호·증진하여 인간으로서의 존엄과 가치를 구현하고 민주적 기본 질서 확립을 위한 인권전담 독립 국가기관은 무엇인지 말해 보세요.

　　답변　국가인권위원회입니다.

15 부패 방지와 국민의 권리 보호 및 구제 서비스를 목적으로 하는 국가기관은 무엇입니까?

　　답변　국민권익위원회입니다.

16 소비자를 대신해서 판매자를 상대로 소비자의 권리를 지켜주는 활동을 하고 있는 국가기관은 무엇입니까?

　　답변　한국소비자원입니다.

✪ 17 주민들의 복지와 자치를 지원하고 지역 행정 업무를 담당하는 국가기관은 무엇입니까?

> **답변** 행정복지센터입니다.

> **유제** 가장 가까이에서 주민들의 불편사항이나 민원사항을 처리해 주는 국가기관은 무엇입니까?
>
> > **답변** 행정복지센터입니다.

✪ 18 자발적으로 모인 시민들이 여러 문제를 해결하기 위해 만든 단체는 무엇입니까?

> **답변** 시민 단체입니다.

✪ 19 역사적으로 한자, 유교, 불교 등 대한민국에 문화적으로 많은 영향을 주었으며, 현재 최대 교역국은 어느 나라가 있는지 말해 보세요.

> **답변** 중국입니다.

✪ 20 대한민국의 주변 4대 국가는 어디인가요?

> **답변** 중국, 일본, 미국, 러시아입니다.

유제 　한국과 밀접한 관계에 있는 주변국가에는 어떤 나라가 있는지
말해 보세요.

답변 　중국, 미국, 일본, 러시아 등이 있습니다.

○
21 　한국의 우방국가로서 한국전쟁 당시 많은 도움을 주었으며 군사 · 정치 · 경제
적 측면에서 밀접한 관계를 맺고 있는 나라는 어디입니까?

답변 　미국입니다.

○
22 　한국전쟁 당시 북한을 지원하여 적대적인 관계였으나, 현재는 에너지, 기술,
자원 등의 영역에서 활발히 교류하고 있는 나라는 어디입니까?

답변 　러시아입니다.

○
23 　과거 식민지 지배와 독도 문제로 대한민국과 갈등이 있었으나 경제적, 문화적
교류가 활발히 이루어지고 있는 나라는 어디입니까?

답변 　일본입니다.

05 대한민국의 법과 생활

1. 법의 종류와 준법정신

① 법 : 질서를 유지하고 안정적으로 살 수 있도록 국민들이 정해둔 약속
② 법을 지켜야 하는 이유
  ㉠ 법이 없거나 지켜지지 않으면 질서가 무너져 사회 혼란이 발생
  ㉡ 법을 준수하게 되면 질서가 유지되고 안정적인 삶을 누릴 수 있어 자기 자신의 권리는 물론 타인의 권리도 지킬 수 있음.
③ 법의 종류
  ㉠ 헌법 : 국가의 통치 체제에 관련된 기본적 원칙과 국민의 기본적 권리, 의무 따위를 규정한 대한민국 최고의 법(대한민국 헌법 제1조 제2항 : 대한민국의 주권은 국민에게 있고, 모든 권력은 국민으로부터 나온다.)
  ㉡ 형법 : 범죄의 유무와 형벌의 정도를 정해 놓은 법
  ㉢ 민법 : 가족 관계나 재산 관계 등 개인의 일상생활 관계를 규율하는 법
  ㉣ 근로기준법 : 근로자의 기본적 생활을 보장·향상시키며, 균형 있는 국민 경제의 발전을 도모하기 위해 제정한 법률
  ㉤ 장애인차별금지법 : 장애인의 완전한 사회참여와 평등권 실현을 통해 인간으로서의 존엄과 가치를 구현함을 목적으로 하는 법
④ 한국의 법 집행기관
  ㉠ 경찰 : 국민의 생명과 신체, 재산의 보호, 범죄의 예방과 진압 및 수사, 교통 단속과 위해 방지, 그 밖의 질서유지 등
  ㉡ 검찰 : 용의자의 법 위반 사실이 있다고 판단될 경우 범죄자를 처벌해 달라고 법원에 재판을 신청

2. 소송과 재판의 종류

① 소송 : 분쟁을 해결하기 위해 법원에 재판을 요구하는 행위
② 재판의 종류

　㉠ 민사 재판 : 일반 개인들의 다툼에 관한 사건을 다루는 재판
　㉡ 형사 재판 : 법에 의해 범죄로 인정되는 살인, 강도, 폭력, 절도 등의 범죄자를 처벌하기 위한 재판
　㉢ 기타 : 행정 사건을 다루는 행정 재판, 가사 사건을 다루는 가사 재판, 그리고 군사재판 등

3. 외국인의 권리와 의무

① 외국인의 법적 권리

　㉠ 대한민국은 국제법과 국가 간 조약에서 정한 내용에 따라 외국인의 기본적인 지위와 권리를 보장하고 있음.
　㉡ 한국인과 외국인은 인간이라는 점에서는 본질적으로 동등한 권리를 가짐. 생명, 재산, 취업, 노동 등과 관련한 기본적인 권리를 보호받을 수 있음.
　㉢ 외국인에게도 보장되는 기본적 권리의 사례 : 행복추구권, 취업 시 근로기준법 적용

② 외국인의 법적 의무

　㉠ 외국인도 한국에서 정한 법을 따라야 하고 소득에 대해 세금을 납부해야 함.
　㉡ 공공질서를 지켜야 할 의무

③ 외국인과 법

　㉠ 출입국관리법 : 대한민국에 입국하거나 대한민국에서 출국하는 사람들의 출입국관리 및 대한민국에 체류하는 외국인 등록 등에 관한 사항을 규정한 법

     ⓒ 강제퇴거 : 외국인이 대한민국에 불법입국하였거나 질서를 어지럽히고 안전을 위협할 경우 강제로 본국이나 제3국으로 추방하는 행정처분

     ⓒ 외국인 등록 대상 및 시기 : 대한민국에 입국하여 90일을 초과하여 대한민국에 체류하게 되는 외국인은 90일 이내에 외국인 등록을 해야 함.

     ⓔ 국적법 : 국적과 관련된 사항을 정한 법률

     ⓜ 영주권 : 일정한 요건을 갖춘 외국인에게 그 나라에서 장기적으로 거주할 수 있도록 부여하는 권리

4. 가족과 법

   ① **결혼 나이** : 결혼을 하기 위해서는 18세 이상이 되어야 한다.

   ② 혼인신고 : 결혼한 사실을 행정 관청에 공식적으로 신고하는 일

   ③ **가족관계등록부** : 한국 국민의 등록 기준지, 성명·본·성별·출생연월일·주민등록번호, 출생·혼인·사망 등 가족관계의 발생 및 변동에 관한 사항이 담긴 자료

   ④ **출생** : 태어난 아기가 한국 국민으로 인정받기 위해서는 태어난지 1개월 이내에 출생신고가 필요함.

   ⑤ **사망** : 사람이 사망하면 사망신고를 해야 하며 상속이 이루어짐.

   ⑥ **주민등록등본** : 주민 등록 원본을 모두 완전하게 복사한 증명 서류

5. 재산과 법

   ① **돈을 빌려주거나 빌릴 때**

     ㉠ **계약서 작성** : 계약서는 나와 상대방이 약속한 사실을 확인해 주는 문서로 차용증도 계약서에 해당

     ㉡ **차용증** : 돈을 빌리는 사람과 빌려주는 사람의 이름과 서명, 빌린 돈의 액수, 이자, 돈을 갚을 날짜 등을 기록

② 부동산 관련 계약을 할 때

    ㉠ 등기부 등본 : 부동산등기부는 부동산에 관한 권리관계 및 현황이 등기부에 기재되어 있는 공적 장부로 등기부 등본은 등기부 내용을 복사한 문서

    ㉡ 임대차계약 : 상대방에게 물건이나 부동산을 빌려주는 대가로 일정한 돈을 받을 것을 내용으로 하는 계약(보통 2년)

    ㉢ 주택임대차보호법 : 다른 사람이 소유한 집에 전세나 월세로 사는 사람을 보호하는 법

    ㉣ 전입신고 : 이사 온 사실을 주민등록부에 기록하는 것

    ㉤ 확정일자 : 법원, 주민센터 등에서 주택임대차 계약을 한 날을 확인해 주기 위해 계약서에 도장을 찍어주는 날짜

KIIP 핵심 유형 익히기

01 민주 사회에서 법을 지켜야 하는 이유는 무엇입니까?

> 답변 민주 사회의 법은 시민의 책임과 의무를 규정할 뿐 아니라, 동시에 시민의 권리를 보장하기 위해 제정된 것이므로, 사회 구성원 모두의 이익을 위해 법을 준수하려는 노력이 필요합니다.

02 한 나라의 최고법으로 국민의 권리와 의무, 국가의 통치 구조 등 국가의 기본 원칙을 규정하는 법은 무엇입니까?

> 답변 헌법입니다.

03 한 나라의 최고법인 헌법에 대해 설명해 보세요.

> 답변 국가를 다스리는 기본 원칙을 담고 있는 최고의 법으로 모든 법은 헌법을 따라야 하며, 대한민국 헌법에는 국민들의 기본적인 권리 및 국가기관 구성과 같은 핵심적인 내용들이 담겨 있습니다.

04 대한민국 헌법 제1조 제2항은 무엇인지 말해 보세요.

> 답변 '대한민국의 주권은 국민에게 있고, 모든 권력은 국민으로부터 나온다.'라는 내용으로 국민 주권주의를 말하고 있습니다.

05 공공질서를 유지하고 국민을 보호할 목적으로 만들어진 법으로서 범죄의 종류와 그에 따른 형벌에 대해 정하고 있는 법은 무엇입니까?

> **답변** 형법입니다.

06 폭행을 가한 사람이나 절도죄의 경우 어느 법의 적용을 받는지 말해 보세요.

> **답변** 형법입니다.

07 재산권과 계약, 손해 배상, 혼인, 친족, 유언, 상속 등 개인 간의 재산 관계나 가족생활 등을 규정한 법은 무엇입니까?

> **답변** 민법입니다.

08 근로자를 보호하기 위해 헌법에 의거하여 근로 조건의 기준을 정하여 놓은 법률은 무엇입니까?

> **답변** 근로기준법입니다.

09 근로 조건의 기준을 정해 놓은 법률로 근로자의 기본적인 생활을 보장하고 향상시키며, 국민 경제를 균형 있게 발전시키는 것을 목적으로 하는 법률은 무엇입니까?

🔲 **답변** 근로기준법입니다.

10 장애인의 완전한 사회참여와 평등권 실현을 통해 인간으로서의 존엄과 가치를 구현함을 목적으로 하는 법은 무엇입니까?

🔲 **답변** 장애인차별금지법입니다.

✪
11 범죄를 수사하고 공소를 제기하며 재판을 집행하는 검찰권을 행사하는 사람 (국가기관)을 무엇이라 합니까?

🔲 **답변** 검사입니다.

12 범죄 수사, 공소 제기, 재판 집행 등의 업무를 담당하는 한국의 법 집행기관은 무엇입니까?

🔲 **답변** 검찰입니다.

✪
13 분쟁이 잘 해결되지 않을 경우에 법을 통해 권리를 보장받는 대표적인 방법은
무엇입니까?

> 답변 소송입니다.

14 법원의 재판을 통해 분쟁을 해결하는 방법은 무엇입니까?

> 답변 소송입니다.

✪
15 돈을 빌려주고 빌리는 과정에서 일어난 다툼, 손해 배상 등을 다루는 재판은
무엇입니까?

> 답변 민사 재판입니다.

✪
16 강도, 절도, 폭행 등 범죄가 발생했을 때 국가가 범죄자를 가려내어 어떤 형벌
을 내릴지를 정하는 재판은 무엇입니까?

> 답변 형사 재판입니다.

✪ 17 재판에 적용되는 법 자체에 문제가 있을 때 헌법에 비추어 어긋나는지를 판단하는 재판은 무엇입니까?

답변 헌법 재판입니다.

18 이혼, 혼인, 부부간의 다툼 등을 다루는 재판은 무엇입니까?

답변 가사 재판입니다.

✪ 19 외국인을 대상으로 하는 특별한 법률로 대한민국에 입국하거나 대한민국에서 출국하는 사람들의 출입국관리 및 대한민국에 체류하는 외국인 등록 등에 관한 사항을 규정한 법은 무엇입니까?

답변 출입국관리법입니다.

✪ 20 대한민국 국민의 자격을 정하는 법은 무엇입니까?

답변 국적법입니다.

21 일정한 요건을 갖춘 외국인에게 그 나라에서 영주할 수 있도록 부여하는 권리는 무엇입니까?

　답변　영주권입니다.

22 대한민국에서 법적으로 결혼이 가능한 나이는 몇 세입니까?

　답변　18세 이상입니다.

23 시청, 구청, 군청 등에 결혼한 사실을 공식적으로 신고하는 일은 무엇입니까?

　답변　혼인신고입니다.

　유제　결혼한 사실을 행정 관청에 공식적으로 신고하는 일은 무엇입니까?

　답변　혼인신고입니다.

24 두 사람이 정식으로 부부로 인정받기 위해 혼인신고를 신청하는 곳은 어디입니까?

　답변　시청, 구청, 면사무소, 읍사무소입니다.

25 한국 국민 개개인별 출생, 혼인, 사망 등의 신분 변동 사항이 담긴 자료를 무엇이라고 합니까?

답변 가족관계등록부입니다.

26 태어난 아기가 한국 국민으로 인정받기 위해 태어난 후 1개월 이내에 구청, 군청, 주민센터 등에 하는 가족관계등록 신고는 무엇입니까?

답변 출생신고입니다.

✪
27 자녀가 태어났을 때 국민으로 인정받기 위해서는 며칠 이내에 출생신고를 해야 합니까?

답변 태어난 후 1개월 이내입니다.

28 사람이 사망하면 구청, 군청, 주민센터 등에 신고하는 일은 무엇인지 말해 보세요.

답변 사망신고입니다.

29 주민 등록 원본을 모두 완전하게 복사한 증명 서류는 무엇입니까?

> **답변** 주민등록등본입니다.

30 나와 상대방이 약속한 사실을 확인해 주는 문서는 무엇입니까?

> **답변** 계약서입니다.

31 남의 돈이나 물건을 빌리는 것을 증명하는 문서는 무엇입니까?

> **답변** 차용증입니다.

32 부동산에 관한 권리관계가 적혀 있는 공적인 문서로 부동산 관련 계약을 할 때 반드시 확인해야 하는 것은 무엇입니까?

> **답변** 등기부 등본입니다.

33 다른 사람이 소유한 집에 전세나 월세로 사는 사람을 보호하는 법은 무엇입니까?

> **답변** 주택임대차보호법입니다.

34 전세 또는 전월세로 계약하는 경우 이사 온 사실을 주민등록부에 기록하는 것을 무엇이라고 합니까?

> **답변** 전입신고입니다.

35 법원, 주민센터 등에서 주택임대차 계약을 한 날을 확인해 주기 위해 계약서에 도장을 찍어주는 날짜는 무엇입니까?

> **답변** 확정일자입니다.

Chapter 05 제도와 생활

01 한국의 교육 제도

1. 보육 제도

① 출산과 보육을 지원하는 제도

ⓐ 국민행복카드

- 중앙 정부에서 국가바우처 사업의 하나로 임산부의 건강한 아이 출산과 산모의 건강 관리에 필요한 비용의 일부를 지원
- 어린이집이나 유치원을 다니는 영·유아의 보육료 지원 제도로 신용카드로 지원

ⓑ 출산 지원 제도 : 보건소에 임산부로 등록하면 무료 산전 검사와 임신 중 필요한 영양제를 지급

ⓒ 양육수당 지급 : 취학 전 86개월 미만 자녀를 어린이집이나 유치원에 보내지 않고 집에서 양육하는 경우에도 자녀의 연령에 따라 지급

② 영·유아 교육기관의 종류

ⓐ 어린이집 : 0세부터 5세까지의 취학 전까지의 아동에 대해 보호와 교육을 담당하며 보건복지부에서 지정한 보육기관

ⓑ 유치원 : 3세부터 초등학교 취학 전까지의 어린이에 대한 교육을 제공하는 교육부 관할 교육기관

2. 초·중등 교육

① 의무교육 기간 : 한국에서 초등학교(6년)와 중학교(3년)는 교육을 의무적으로 받아야 함.

② 초·중등 교육기관

초등	초등학교	• 초등학교 입학은 6세부터 가능하고, 입학 시기를 조정하고자 할 때는 주민센터에 미리 신청 서류를 제출함. • 6년 과정 • 구분 : 국·공립 초등학교(교육청에서 배정), 사립 초등학교(추첨)
중등	중학교	• 3년 과정 • 구분 : 일반 중학교(다양한 교육 내용을 두루 가르침), 특수목적 중학교(예술, 체육, 외국어 등의 각 분야에 대한 교육을 중점적으로 실시)
	고등학교	• 3년 과정 • 구분 : 일반계 고등학교(고입선발고사나 학교별 입학시험을 치른 후 진학), 전문계 고등학교(직업교육 전문), 특수목적 고등학교(과학, 외국어, 체육, 예술 등의 분야를 집중 교육)

3. 입시와 고등교육

① 대학수학능력시험(수능시험, 수능) : 매년 11월경 실시되는 대학에서 공부할 수 있는 능력을 평가하는 시험으로 대학 진학을 위해서는 일반적으로 수능을 치러야 함.

② 대학교

  ㉠ 구분 : 2년제, 3년제, 4년제 등으로 구분되며 다양한 분야의 학문과 기술 등을 가르침.

  ㉡ 방송통신대학, 디지털대학, 사이버대학 등 : 학교에 출석하지 않고 방송이나 인터넷 등을 통해 학습

③ 대학원

  ㉠ 대학교보다 더욱 전문적인 연구를 통해 다양한 분야의 전문가를 배출

  ㉡ 구분 : 대학교를 졸업한 사람이 입학할 수 있으며, 석사과정과 박사과정으로 구분

KIIP 핵심 유형 익히기

01 정부에서 출산을 장려하기 위해 임산부의 건강한 아이 출산과 산모의 건강 관리에 필요한 비용의 일부를 지원하기 위해 발급하는 카드는 무엇입니까?

> 답변   국민행복카드입니다.

02 0세부터 5세까지의 아이들을 보육하고, 교육시키는 시설로 보건복지부에서 지정한 보육기관은 무엇입니까?

> 답변   어린이집입니다.

03 3세부터 초등학교 입학 전까지의 어린이들이 다니는 교육부 관할 교육기관은 무엇입니까?

> 답변   유치원입니다.

04 한국의 의무교육 기간은 몇 년입니까?

> 답변   초등학교 6년, 중학교 3년입니다.

☼ 05 6년 과정으로 진행되며, 국민 생활에 필요한 기초적인 초등교육을 실시하는 교육기관은 무엇입니까?

> **답변** 초등학교입니다.

☼ 06 3년 과정으로 초등학교에서 받은 교육의 기초 위에 중등 보통교육의 실시를 목적으로 설치된 학교는 무엇입니까?

> **답변** 중학교입니다.

☼ 07 중학교를 졸업하거나 이와 동등한 학력을 가진 자가 진학하는 중등학교는 무엇입니까?

> **답변** 고등학교입니다.

☼ 08 2년제, 3년제, 4년제 등으로 구분되며 다양한 분야의 학문과 기술 등을 가르치는 고등 교육기관은 무엇입니까?

> **답변** 대학교입니다.

✪
09 대학교에서보다 더욱 전문적인 연구를 통해 다양한 분야의 전문가를 배출하는 고등 교육기관은 무엇입니까?

   답변 대학원입니다.

✪
10 정규 공교육 제도의 문제점을 극복하기 위해 별도의 프로그램을 마련하여 새롭게 고안한 학교는 무엇인가요?

   답변 대안학교입니다.

✪
11 매년 11월경 실시되는 대학에서 공부할 수 있는 능력을 평가하는 시험은 무엇입니까?

   답변 대학수학능력시험입니다.

12 영주권 획득이나 귀화를 하고자 할 때 여러 가지 혜택을 받을 수 있는 법무부 주관 외국인 대상 교육프로그램은 무엇입니까?

   답변 사회통합프로그램(KIIP)입니다.

02 한국의 교통 · 통신 · 주거

1. 한국의 교통수단

① 종류

㉠ 버스

ⓐ 도시 교통량의 약 절반가량을 담당하는 가장 핵심적인 대중 교통수단

ⓑ 종류 : 고속버스, 시외버스, 시내버스, 마을버스 등

ⓒ 경인고속도로(서울 ↔ 인천) : 대한민국 최초의 고속도로

ⓓ 경부고속도로(서울 ↔ 부산) : 대한민국에서 가장 긴 고속도로

㉡ 도시철도(지하철)

ⓐ 다른 노선으로 갈아탈 수 있으며 이동시간이 비교적 일정하다는 장점이 있음.

ⓑ 지하철이 있는 도시 : 현재 지하철은 서울을 포함한 수도권, 부산, 대구, 광주, 대전에서 운행하고 있음.

㉢ 택시

ⓐ 종류 : 개인택시, 모범택시, 일반택시 등

ⓑ 원하는 장소로 빠르고 편하게 이동할 수 있으나 이동거리에 따라 요금이 비쌀 수 있음.

㉣ 기차

ⓐ 종류 : KTX(고속철도), SRT(고속철도), ITX-새마을호, 무궁화호 등

ⓑ KTX(고속철도) : 한국에서 가장 빠른 기차로 다른 기차에 비해 요금이 비쌈.

ⓒ 경인선(서울 ↔ 인천) : 대한민국 최초의 철도

ⓓ 경부선(서울 ↔ 부산) : 대한민국에서 가장 긴 철도

② 다양한 교통 관련 제도

㉠ 교통카드 : 주로 지하철이나 시내버스의 요금을 낼 때 사용하는 카드로 일정한 금액을 교통카드에 충전해서 사용하기도 하고 신용카드나 휴대전화에 교통카드 기능을 포함하여 사용함.

㉡ 환승할인제도 : 교통카드를 이용하여 다른 노선이나 교통수단으로 갈아탈 때 요금을 할인해 주는 제도

㉢ 버스전용차로제 : 대중교통 수단인 버스에 통행 우선권을 부여함으로써 승용차 이용을 억제하고 도로의 수송 효율을 증대하는 대중교통 활성화를 위한 교통 수요 관리 대책

㉣ 버스도착안내 서비스 : 버스 정류장의 전광판을 통해 버스 도착 시간과 혼잡 정도를 미리 알 수 있도록 하는 서비스

2. 한국의 통신수단

① 통신수단의 종류

㉠ **우편** : 우체국을 통해 편지나 물건을 보내는 것

㉡ **전화** : 멀리 떨어져 있는 사람과 대화, 문자메시지 등을 주고받을 수 있는 것으로 유선전화, 휴대전화 등이 있음.

② 인터넷을 통한 정보교환

㉠ 전 세계의 컴퓨터가 서로 연결되어 정보를 주고받는 통신망

㉡ 이메일 : 인터넷을 이용해 소식이나 중요한 문서 등을 주고받는 것

3. 한국의 주거

① 거주 형태

㉠ **자가** : 자기가 소유한 집에 살고 있는 것

㉡ **전세** : 집주인에게 일정한 돈을 보증금으로 맡기고 계약기간 동안 집을 빌려 쓰는 형태

㉢ **월세** : 집주인에게 매달 일정한 돈을 내고 집이나 방을 빌려 쓰는 형태

② **층간소음 이웃사이 센터** : 층간소음 분쟁 해소를 위해 정부가 층간소음 갈등을 중재할 수 있게 만든 서비스

③ **집들이** : 새집에 든 사람이 자축과 집 구경을 겸하여 친지를 초대하여 음식을 대접하는 일

④ **보증금** : 일정한 돈을 갚아야 하거나 어떤 약속을 이행해야 하는 상황에서 그 행위를 잘 수행하지 않을 것을 대비하여 받아두는 돈

KIIP 핵심 유형 익히기

✪
01 서울을 포함한 수도권, 부산, 대구, 광주, 대전에서 운행되고 있으며, 다른 노선으로 갈아탈 수 있으며 이동시간이 비교적 일정하다는 장점이 있는 교통수단은 무엇입니까?

[답변] 지하철입니다.

✪
02 한국의 주요 교통수단의 종류를 말해 보세요.

[답변] 버스, 택시, 지하철, 기차, 비행기, 배 등이 있습니다.

✪
03 한국에서 운행 중인 가장 빠른 기차로 다른 기차에 비해 요금이 비싼 교통수단은 무엇입니까?

[답변] KTX(고속철도)입니다.

✪
04 기차의 종류를 빠른 것부터 순서대로 말해 보세요.

[답변] KTX, SRT → ITX-새마을호 → 무궁화호 순서입니다.

05 대한민국 최초의 철도로 서울과 인천 사이를 연결하는 것은 무엇입니까?

> **답변** 경인선입니다.

06 서울과 부산 사이를 연결하는 대한민국에서 가장 긴 철도는 무엇입니까?

> **답변** 경부선입니다.

07 대한민국 최초의 고속도로로 서울과 인천 사이를 연결하는 것은 무엇입니까?

> **답변** 경인고속도로입니다.

08 서울과 부산 사이를 연결하는 대한민국에서 가장 긴 고속도로는 무엇입니까?

> **답변** 경부고속도로입니다.

09 지하철이나 시내버스의 요금을 낼 때 사용하는 카드로 이용하면 요금이 할인되는 지불 수단은 무엇입니까?

> **답변** 교통카드입니다. 요즘은 신용카드에 후불식 교통카드 기능을 추가하여 사용하기도 합니다.

✪
10 교통카드를 이용하여 다른 노선이나 다른 교통수단으로 갈아탈 때 요금을 할인해주는 제도는 무엇입니까?

답변 환승할인제도입니다.

11 대중교통 수단인 버스에 통행 우선권을 부여하여 대중교통을 원활하게 하려는 제도는 무엇입니까?

답변 버스전용차로제입니다.

12 버스 정류장의 전광판을 통해 버스 도착 시간과 혼잡 정도를 미리 알 수 있도록 하는 서비스를 무엇이라고 부르는지 말해 보세요.

답변 버스도착안내 서비스입니다.

13 우체국에서 편지를 보내거나 택배서비스를 통해 물건을 보내는 수단을 무엇이라고 부르는지 말해 보세요.

답변 우편입니다.

14 인터넷을 이용해 소식이나 중요한 문서 등을 주고받는 것을 무엇이라고 부르는지 말해 보세요.

답변 이메일입니다.

✪ 15 한국에서만 볼 수 있는 독특한 임대 방식으로 주택 소유자에게 일정 금액을 보증금으로 내고 일정 기간 동안 그 집에 거주하는 형태의 주택 임대 방법은 무엇입니까?

답변 전세입니다.

✪ 16 집주인에게 일정 금액을 보증금으로 내고 매달 사용료를 지불하는 임대 방식은 무엇입니까?

답변 월세입니다.

17 층간소음 분쟁 해소를 위해 정부가 층간소음 갈등을 중재할 수 있게 만든 서비스 기관은 무엇입니까?

답변 층간소음 이웃사이 센터입니다.

✪ 18 새집을 지어 들어가거나 이사를 한 후에 이웃과 친지를 불러 집을 구경시키고 음식을 대접하는 일을 무엇이라고 부르는지 말해 보세요.

답변 집들이입니다.

03 한국의 복지 · 의료

1. 한국의 복지

① 한국의 사회복지제도

유형	내용	사례
사회보험	국민에게 발생한 사회적 위험을 보험방식에 의하여 대처함으로써 국민의 건강과 소득을 보장하는 제도	• 건강보험 : 아플 때 의료비를 지원 • 고용보험 : 회사에서 해고를 당했을 때 일정 기간 금전적 지원을 실시 • 국민연금 : 나이가 많이 들어 돈을 벌기 어려울 때 연금을 지급 • 산업재해보상보험 : 회사에서 일을 하다가 사고로 다쳤을 때 보상
공공부조	생활이 어려운 사람들의 기본적인 생활 수준을 보장해 주기 위해 국가나 지방 단체가 지원하는 것	• 국민기초생활보장제도 : 소득이 최저생계비보다 적은 저소득층에 생활비를 지원 • 의료급여제도 : 소득이 최저생계비보다 적은 저소득층에 의료비를 지원 • 기초연금제도 : 65세 이상의 전체 노인 중 가구의 소득인정액이 선정기준액 이하인 노인에게 매달 일정액의 연금을 지급하는 제도
사회복지 서비스	도움이 필요한 모든 국민을 대상으로 상담, 재활, 직업의 소개 및 지도, 사회복지시설 이용 등을 제공	

② 복지 관련 용어

ㄱ 최저임금제 : 국가가 근로자들의 생활안정을 위해 임금의 최저 수준을 법으로 정하고 사용자에게 그 수준 이상의 임금을 지급하도록 하는 제도

ㄴ 실업급여 : 정부에서 실직 근로자를 지원하기 위해 도입한 고용 보험의 하나로 직장을 잃은 근로자에게 지급하는 생활에 필요한 돈

    ⓒ **사회보장제도** : 사회구성원이 생활의 곤궁에 처하게 될 경우 삶
    의 질 향상을 위해 공공의 재원으로 그 최저생활을 보장해 주는
    제도

    ⓔ **책임보험** : 모든 차량이 반드시 가입해야 하는 보험

    ⓜ **사회복지관** : 지역 주민들의 복지 증진과 어린이·청소년의 건
    전한 성장을 돕고, 소외 노인과 장애인들에게 복지 서비스를 제
    공하기 위해 설립된 복지시설

    ⓗ **고용복지플러스센터** : 실업급여, 복지 상담, 신용회복 상담 등
    의 여러 서비스를 한 곳에서 제공하는 기관

    ⓢ 근로복지공단 : 근로자의 업무상 재해에 대한 보상과 복지 증진
    을 위한 사업 추진을 위해 설립한 기관

2. 한국의 의료

  ① 진료과 종류

    ㉠ **내과** : 내장의 기관에 생긴 병을 담당

    ㉡ **외과** : 수술로 환자의 질병이나 상태를 치료

    ㉢ **정형외과** : 뼈·관절을 중심으로 하는 운동기관의 질환을 취급

    ㉣ **성형외과** : 주로 신체 외부의 선천성 또는 후천성의 변형을 정
    상에 가깝게 재건하는 외과

    ㉤ **피부과** : 피부의 구조, 기능, 질환을 취급

    ㉥ **산부인과** : 임신·분만·여성의 성기에 관계있는 병을 취급

    ㉦ **비뇨기과** : 남녀의 비뇨기와 남성의 생식기에 관계하는 의학 분야

    ㉧ **소아청소년과** : 신생아기로부터 청소년기 환자의 내과적 질환
    을 진료

    ㉨ **가정의학과** : 연령·성별·질병의 종류에 구애됨이 없이 가족
    을 대상으로 지속적이고, 포괄적인 의료를 제공

    ㉩ **치과** : 치아와 그 주위 조직 및 구강의 질병이나 비정상적 상태
    등을 예방하고 진단하며 치료

ㅋ **이비인후과** : 귀, 코, 목(인두, 후두)에 관련된 질환을 치료

ㅌ **정신건강의학과** : 정신질환을 비롯한 다양한 정신(혹은 행동)의 문제들을 치료

ㅍ **신경과** : 신경계의 장애를 진료

ㅎ **안과** : 눈에 관계된 질환을 치료

② 의료기관의 종류

ㄱ **동네의원** : 감기나 배탈 등과 같이 비교적 가벼운 증상이 있을 때 가는 곳으로 외과, 치과, 피부과, 내과 등 아픈 증상에 따라 선택

ㄴ **보건소** : 국가에서 운영하는 공공 보건기관으로 예방접종이나 각종 검사, 물리치료, 치과 치료 등을 받을 수 있으며 일반 병원보다 진료비가 싼 편

ㄷ **종합병원** : 동네의원에서 치료가 어렵거나 세밀한 검사가 필요한 경우 이용하는 상급 병원

③ 한국의 의료기관 이용

ㄱ **건강보험제도** : 소득에 따라 매달 일정 금액을 건강보험료로 내고, 치료나 검사를 받을 때, 혹은 출산을 할 때 전체 의료비의 일부만 내고도 의료기관을 이용할 수 있는 제도

ㄴ **긴급응급전화 119** : 갑자기 아프거나 다쳐 응급 환자가 발생했을 때 연락하여 도움을 받을 수 있음.

ㄷ **약국** : 약사가 의약품을 조제하거나 판매하는 곳

ㄹ **처방전** : 환자를 치료하기 위한 의약품의 명세를 기록한 문서

ㅁ **예방접종** : 전염성 질환을 예방하기 위하여 인체에 주사 또는 접종하는 것

KIIP 핵심 유형 익히기

✪
01 대한민국 사회보험의 종류 네 가지는 무엇입니까?

【답변】 건강보험, 고용보험, 국민연금, 산업재해보상보험입니다.

✪
02 아파서 병원에 갈 때 의료비의 일부를 지원받을 수 있는 사회보험은 무엇입니까?

【답변】 건강보험입니다.

✪
03 회사에서 해고되었을 때 일정 기간 금전적 지원을 받을 수 있는 사회보험은 무엇입니까?

【답변】 고용보험입니다.

✪
04 나이가 많아 돈을 벌기 어려울 때 일정 금액을 생활비로 지급받을 수 있는 사회보험은 무엇입니까?

【답변】 국민연금입니다.

✪
05 회사에서 일하다가 사고로 다쳤을 때 피해에 대해 보상받을 수 있는 사회보험
은 무엇입니까?

> **답변** 산업재해보상보험입니다.

06 스스로 생활을 유지할 능력이 없는 사람들의 생활수준을 보장해 주기 위해 국
가나 지방 자치 단체가 지원하는 것을 무엇이라고 하는지 말해 보세요.

> **답변** 공공부조입니다.

✪
07 생활이 어려운 자에게 필요한 생활비를 지원하여 이들의 최저생활을 보장하는
사회복지제도는 무엇입니까?

> **답변** 국민기초생활보장제도입니다.

08 경제적으로 생활이 곤란한 저소득층에게 국가가 대신하여 의료비용을 지불하
는 제도는 무엇입니까?

> **답변** 의료급여제도입니다.

09 65세 이상의 국민 중 가구의 소득인정액이 선정기준액 이하인 국민에게 연금
을 주는 제도는 무엇입니까?

> **답변** 기초연금제도입니다.

✪ 10 국가가 임금액의 최저한도를 결정하고 사용자에게 그 지급을 법적으로 강제하는 제도는 무엇입니까?

답변 최저임금제입니다.

✪ 11 사회구성원이 생활의 곤궁에 처하게 될 경우 삶의 질 향상을 위해 공공의 재원으로 그 최저생활을 보장해 주는 제도는 무엇입니까?

답변 사회보장제도입니다.

12 모든 차량이 반드시 가입해야 하는 보험을 무엇이라고 하는지 말해 보세요.

답변 책임보험입니다.

13 근로자에 대한 복지사업, 창업촉진 지원사업, 업무상 재해를 입은 근로자의 치료, 재활 사업 등을 추진함으로써 근로자의 복지 증진에 이바지하는 것을 목적으로 하는 기관은 무엇입니까?

답변 근로복지공단입니다.

14 실업급여, 복지 상담, 신용회복 상담 등의 여러 서비스를 한 곳에서 제공하는 기관은 무엇입니까?

답변 고용복지플러스센터입니다.

15 각종 내부장기를 수술하지 않는 방법으로 치료하는 병원의 진료과는 무엇입니까?

> 답변   내과입니다.

16 18세 미만의 소아 및 청소년들의 질환을 치료하는 병원의 진료과는 무엇입니까?

> 답변   소아청소년과입니다.

17 임신 및 출산과 여성의 생식기에 관련된 질환을 치료하는 병원의 진료과는 무엇입니까?

> 답변   산부인과입니다.

18 정신병적 증상을 나타내는 질환을 치료하는 병원의 진료과는 무엇입니까?

> 답변   정신건강의학과입니다.

19 연령, 성별, 질병의 종류에 관계없이 가족을 대상으로 지속적인 예방, 검진 및 치료 등 포괄적인 의료를 제공하는 병원의 진료과는 무엇입니까?

> 답변   가정의학과입니다.

20 맹장염, 감염질환, 소화기 계통 등 수술을 요하는 질환을 치료하는 병원의 진료과는 무엇입니까?

> **답변** 일반외과입니다.

21 골격 및 근육에 관한 질환을 수술과 비수술적 방법으로 치료하는 병원의 진료과는 무엇입니까?

> **답변** 정형외과입니다.

22 쌍꺼풀 수술, 화상 및 후유증 치료 등의 치료를 하는 병원의 진료과는 무엇입니까?

> **답변** 성형외과입니다.

23 백내장, 녹내장, 근시 교정 수술처럼 눈과 눈의 신경에 관련된 질환을 치료하는 병원의 진료과는 무엇입니까?

> **답변** 안과입니다.

24 귀, 코, 목 등과 관련된 질환을 치료하는 병원의 진료과는 무엇입니까?

> **답변** 이비인후과입니다.

25 치아 교정, 보철, 스케일링, 치아 신경 치료 등의 진료를 하는 병원은 무엇입니까?

> **답변** 치과입니다.

26 약사가 의약품의 조제업무를 행하는 장소를 무엇이라고 합니까?

> **답변** 약국입니다.

27 전염성 질환을 예방하기 위하여 미생물 병원성을 제거하거나 약하게 하여 인체에 주사 또는 접종하는 것을 무엇이라고 합니까?

> **답변** 예방접종입니다.

28 국가에서 운영하는 공공 보건기관으로 예방접종이나 각종 검사 등을 받을 수 있는 곳은 어디입니까?

> **답변** 보건소입니다.

29 의사가 환자에게 투여할 약제의 내용을 기재한 문서를 무엇이라고 합니까?

> **답변** 처방전입니다.

04 일상생활과 경제 활동

1. 세금

① **세금의 뜻** : 국가를 유지하고 국민 생활의 발전을 위해 국민들의 소득 일부분을 국가에 납부하는 돈

② **국세청** : 대한민국 기획재정부 소속 정부기관으로 지방세와 관세를 제외한 국가 세금을 걷는 기관

③ **세무서** : 국세청 산하에서 내국세에 관한 사무를 맡아보는 지방 세무 행정 관청

④ **소득세** : 개인이 얻은 소득에 대하여 부과하는 조세로 국세이며, 직접세임.

⑤ **부가가치세** : 한국에서 물건을 사거나 음식을 먹을 때 내야 하는 세금으로 일반적으로 세율은 10% 정도임.

2. 금융

① **은행에서 하는 일**

　㉠ 개인이 돈을 맡기거나 빌리는 대표적인 금융기관

　㉡ 송금, 공과금·아파트 관리비·대학등록금 납부, 환전, 신용카드 개설 등과 관련된 업무를 함.

② **은행의 종류**

　㉠ 한국은행 : 대한민국의 통화량을 조절하는 중앙은행으로, 화폐를 발행하는 발권은행

　㉡ **시중은행** : 개인이 돈을 맡기거나 빌리는 대표적인 금융기관으로 전국 곳곳에 지점이 설치된 은행

　㉢ **지역은행** : 전국이 아닌 특정 지역 경제의 발전에 필요한 자금을 공급하는 것을 주된 목적으로 광역시나 도에 설립된 은행

   ⓔ 상호저축은행 : 시중은행보다 금리가 높은 편이지만, 시중은행에 비하여 규모가 작고 안전성이 다소 떨어짐.

   ⓜ 인터넷 전문 은행 : 온라인 네트워크를 통해 금융 서비스를 제공하는 은행

  ③ 금융 거래 방법

   ㉠ 본인이 신분증을 가지고 직접 은행을 방문해서 본인의 이름으로 계좌를 만듦.

   ㉡ **외국인이 은행에서 계좌를 만들기 위해 필요한 서류** : 여권과 외국인 등록증

   ㉢ ATM(현금인출기), 인터넷뱅킹, 스마트폰뱅킹 등으로 금융 거래 가능

   ㉣ 금융 실명제 : 가짜 이름이나 다른 사람 이름이 아닌, 오직 본인의 이름으로만 금융 거래를 할 수 있도록 한 제도로 자신의 이름을 다른 사람에게 빌려주거나 다른 사람의 이름을 빌려서 계좌를 만들면 처벌을 받게 됨.

  ④ 다양한 금융 상품

   ㉠ **주식** : 예금보다 많은 돈을 벌 수 있지만 투자했던 돈을 잃어버릴 수 있으며, 보통 증권회사의 계좌를 이용

   ㉡ **보험** : 미래의 질병이나 사고 등에 대비하기 위해 일정한 돈을 미리 내는 것

   ㉢ **보통예금** : 아무 때나 자유롭게 예금하고 찾을 수 있음.

   ㉣ **정기적금** : 조금씩 꾸준히 예금하고 만기일에 한꺼번에 찾음.

   ㉤ **정기예금** : 큰돈을 한꺼번에 예금하여 이자를 얻음.

  ⑤ 기타 금융 관련 상식

   ㉠ 예금자 보호 제도 : 한국에서는 사람들이 안심하고 예금할 수 있도록, 거래하고 있던 금융기관이 부실해지거나 파산하여 예금을 지급할 수 없게 되는 경우 예금보험공사가 책임지고 대신 예금을 지급해 주는 제도

ⓒ 텔레뱅킹 : 직접 은행을 찾지 않고 전화로 금융 거래가 가능한 제도

ⓓ 인터넷뱅킹 : 인터넷을 통해 입출금 등 은행 관련 업무를 보는 일로 공동인증서와 OTP를 통해 1회용 비밀번호를 입력하여야 함.

ⓔ 보이스피싱 : 사람들에게 전화를 해서 주민등록번호, 신용카드 번호, 은행계좌번호 등을 알아내어 범죄에 이용하거나 예금통장에서 현금을 빼가는 것

3. 장보기와 소비자보호

① 다양한 종류의 시장

ⓐ 정기시장 : 정해진 날짜에만 열리는 시장으로 3일에 한 번씩 열리면 3일장, 5일에 한 번씩 열리면 5일장이라고 부름.

ⓑ 전통시장(재래시장) : 소상인들이 모여서 갖가지 물건을 직접 판매하는 전통적 구조의 시장으로, 물건 값이 대체로 싸고 상인들의 인심이 좋아 사람들이 많이 몰림.

ⓒ 백화점이나 대형 마트 : 농수산물부터 공산품에 이르기까지 다양한 종류의 물건을 팔고 있는 현대식 시장

② 텔레비전 홈쇼핑과 온라인 쇼핑

ⓐ 홈쇼핑 : TV를 통해 방송되는 상품을 전화로 주문해서 구입할 수 있는 시장

ⓑ 온라인 쇼핑 : PC와 모바일 네트워크를 이용하여 온라인 쇼핑몰에서 편리하게 상품을 구입함.

③ 소비자의 권리와 책임

ⓐ 물건 구입 과정이나 구입 후 피해를 입게 되었을 때 수리, 교환, 환불, 피해보상을 주장할 수 있음.

ⓑ 소비자단체 : 소비자가 자신의 권리를 증진하기 위해 만든 단체로 한국소비자연맹, 한국 YWCA, 녹색소비자연대, 한국부인회 등

ⓒ 영수증 : 대금이나 물품 등을 받은 사실을 증명하기 위해 교부하는 문서

ⓔ **신용카드** : 그 사람의 경제적인 신용을 이용하여 현금 없이도 물건이나 서비스를 살 수 있는 제도

④ 소비자의 권리와 이익을 위한 제도

　ⓐ **유통 기한 표시제** : 상품이 시중에 유통될 수 있는 기한을 표시해 제조사별로 생산 후 특정 기간 이내에 사용하도록 만든 제도

　ⓑ **원산지 표시제** : 수입상품의 생산국적을 명확히 하기 위해 농수산물 및 그 가공품의 원산지 표시를 의무화한 제도

　ⓒ **제조물 책임법** : 제조물의 결함에 의한 피해로부터 소비자를 보호하기 위한 제도로 소비자가 피해사실만 밝히면 제조사나 공급자가 자신의 잘못이 아님을 입증해야 책임을 면할 수 있음.

　ⓓ **리콜 제도** : 문제가 있는 상품을 생산자가 도로 거두어들이는 것으로 회사 측이 제품의 결함을 발견하여 보상해 주는 소비자 보호제도

　ⓔ **한국소비자원** : 소비자의 권리와 이익을 위해 소비자 교육, 소비자를 위한 여러 검사나 연구, 소비자가 피해를 입었을 때 피해 구제 및 분쟁 조정 등의 역할을 함.

KIIP 핵심 유형 익히기

01 국가를 유지하고 국민 생활의 발전을 위해 일반국민으로부터 개별적인 대가를 지급하지 않고 강제적으로 거두어들이는 돈을 무엇이라고 하는지 말해 보세요.

> **답변** 세금입니다.

02 국세청 산하에서 내국세에 관한 사무를 맡아보는 지방 세무 행정 관청을 무엇이라 합니까?

> **답변** 세무서입니다.

03 대한민국 기획재정부 소속 정부기관으로 국가 세금을 걷는 기관을 무엇이라고 하는지 말해 보세요.

> **답변** 국세청입니다.

04 개인이 얻은 소득에 대하여 부과하는 세금은 무엇입니까?

> **답변** 소득세입니다.

05 제품이나 그 부품이 팔릴 때마다 과세되는 소비세는 무엇입니까?

> **답변** 부가가치세입니다.

06 개인이 돈을 맡기거나 빌리는 대표적인 금융기관으로 다양한 금융 서비스를 제공하는 시설을 무엇이라고 하는지 말해 보세요.

> **답변** 은행입니다.

07 온라인 네트워크를 통해 금융 서비스를 제공하는 은행을 무엇이라고 하는지 말해 보세요.

> **답변** 인터넷 전문 은행입니다.

08 금융기관과 거래를 함에 있어 본인의 실명으로 거래해야 하는 제도는 무엇입니까?

> **답변** 금융 실명제입니다.

09 아무 때나 자유롭게 예금하고 찾을 수 있는 통장식 은행예금은 무엇입니까?

> **답변** 보통예금입니다.

10 정해진 기간 동안 일정액을 매월 적립하고 만기일에 약정 금액을 지급받는 은행예금은 무엇입니까?

답변 정기적금입니다.

11 금융기관이 경영부실이나 파산 등으로 예금을 지급할 수 없을 때 제3자인 예금보험기관이 대신하여 예금을 지급해 주는 제도는 무엇입니까?

답변 예금자 보호 제도입니다.

12 전화로 은행거래를 할 수 있는 시스템을 무엇이라고 하는지 말해 보세요.

답변 텔레뱅킹입니다.

13 인터넷을 통해 은행업무를 처리하는 금융시스템은 무엇입니까?

답변 인터넷뱅킹입니다.

✪ 14 전화를 통하여 신용카드 번호 등의 개인정보를 알아낸 뒤 이를 범죄에 이용하는 전화금융사기 수법을 무엇이라고 하는지 말해 보세요.

> **답변** 보이스피싱입니다.

✪ 15 5일에 한 번씩 정기적으로 열리는 시장을 무엇이라고 하는지 말해 보세요.

> **답변** 5일장입니다.

16 예전부터 있던 시장으로, 물건 값이 대체로 싸고 상인들의 인심이 좋아 사람들이 많이 몰리는 곳을 무엇이라고 하는지 말해 보세요.

> **답변** 전통시장(재래시장)입니다.

✪ 17 소비자의 권리를 보호하기 위한 조직으로 한국소비자연맹, 한국 YWCA, 녹색소비자연대, 한국부인회 등을 무엇이라고 하는지 말해 보세요.

> **답변** 소비자단체입니다.

18 돈이나 물품을 받은 사람이 준 사람에게 이를 받았음을 인증하여 영수내용을 기재하여 제시해 주는 증서는 무엇입니까?

> **답변** 영수증입니다.

19 그 사람의 경제적인 신용을 이용하여 현금 없이도 물건이나 서비스를 살 수 있는 제도는 무엇입니까?

> **답변** 신용카드입니다.

20 상품이 시중에 유통될 수 있는 기한을 제품에 표시하도록 하는 제도는 무엇입니까?

> **답변** 유통 기한 표시제입니다.

21 농수산물 및 그 가공품의 원산지 표시를 의무화한 제도는 무엇입니까?

> **답변** 원산지 표시제입니다.

22 제조물의 결함으로 인하여 발생한 손해로부터 피해자를 보호하기 위해 만들어
진 법은 무엇입니까?

　　답변　제조물 책임법입니다.

23 회사 측이 제품의 결함을 발견하여 보상해 주는 소비자보호제도를 무엇이라고
하는지 말해 보세요.

　　답변　리콜 제도입니다.

05 종교와 대중매체·대중문화

1. 한국의 종교

① 불교 : 사찰 등 많은 문화재를 남겼는데 오래전에 만들어진 절과 그 안에 있는 불상, 탑 등은 한국의 중요한 문화재로 지정된 경우가 많음.

② 개신교(기독교) : 종교 개혁의 결과로 가톨릭에서 갈라져 나온 기독교

③ 유교 : 한국인의 일상에 많은 영향을 준 종교로 조상이 돌아가신 날이나 명절에 조상에게 제사를 지내는 것은 유교의 대표적인 의식의 하나임.

④ 가톨릭교 : 로마 교황을 정점으로 하며, 로마 가톨릭 교회를 믿는 종교

2. 한국의 대중매체

① TV : 영상을 통해 소식이나 정보를 접할 수 있는 도구로 뉴스, 드라마, 스포츠 등의 다양한 프로그램을 제공

② 라디오 : 전파를 이용하여 청취자에게 뉴스, 오락, 교양, 교통정보 등을 음성으로만 전달함.

③ 신문 : 사회에서 일어난 새로운 사건이나 화제들을 지면을 통해 보여주는 매체

④ SNS(소셜네트워크서비스) : 개인들끼리 인터넷을 통해 직접 소통하는 방식으로, 최근에는 휴대전화를 통해 많은 사람들이 이용함.

3. 한국의 대중문화

① 한류 : 1990년대 말부터 아시아를 중심으로 일어난 한국 대중문화의 열풍으로 최근에 한국의 대중문화가 세계 곳곳에 퍼져 인기를 끌고 있음.

② **한류의 다양한 영역** : 한식, 화장법이나 패션, 케이팝, 각종 스포츠 지도자 배출, 영화, 예능 프로그램, 한국 드라마 등

③ **문화포털(www.culture.go.kr)** : 대한민국 문화체육관광부와 소속기관 및 공공기관에서 생산되는 다양한 한국의 문화예술, 문화유산, 문화산업, 관광, 체육, 도서정보 등을 제공하여 한국의 문화를 보다 풍족하고 편리하게 이용할 수 있도록 지원하는 통합문화정보누리집

KIIP 핵심 유형 익히기

01 종교 개혁의 결과로 가톨릭에서 갈라져 나온 종교를 부르는 용어는 무엇입니까?

[답변] 개신교(기독교)입니다.

02 로마 교황을 정점으로 하며, 로마 가톨릭 교회를 믿는 종교를 부르는 용어는 무엇입니까?

[답변] 가톨릭교입니다.

03 한국에 전파된 종교로서 외래 종교 중 가장 오래되었고 그만큼 많은 문화유산을 남긴 종교는 무엇입니까?

[답변] 불교입니다.

04 조선 시대에 국가 통치 이념으로 채택되면서 이후 한국에 큰 영향을 끼친 종교는 무엇입니까?

[답변] 유교입니다.

05 사회에서 일어난 새로운 사건이나 화제들을 지면(종이)을 통해 보여주는 매체는 무엇입니까?

> 답변 신문

06 한국의 대중문화가 아시아를 중심으로 외국으로 전파되면서 대중성을 갖게 된 현상을 부르는 용어는 무엇인가요?

> 답변 한류입니다.

07 한국 사람들이 많이 사용하는 소셜네트워크서비스(SNS) 종류 3가지를 말해 보세요.

> 답변 페이스북, 트위터, 카카오스토리, 인스타그램, 카페, 위쳇 등이 있습니다.

06 관공서 · 증명서 · 기초 생활 질서와 생활 법률

1. 관공서

① **국세청** : 국가의 세금과 관련된 업무를 담당하는 기관
② **경찰서** : 치안유지 및 국민의 안전을 담당하는 기관
③ **경찰청** : 치안경찰에 관한 사무를 총괄하기 위하여 행정안전부장관 소속 아래에 둔 중앙경찰기관
④ **통계청** : 대한민국의 각종 통계를 총괄하는 기관
⑤ **관세청** : 수출입 통관 및 관세 등을 담당하는 기관
⑥ **소방서** : 화재 예방과 화재 발생 시 진압 등을 주요 업무로 하는 기관
⑦ **기상청** : 대기를 관측하고 예보하며, 기상과 기후 정보를 생산하고 연구하는 중앙행정기관
⑧ **보건소** : 질병을 예방하거나 진료하고 공중보건을 향상하는 일을 담당하는 기관으로, 시·군·구에 설치
⑨ **병무청** : 징집·소집 및 기타 병무에 관한 사무를 관장하는 국방부 소속의 행정기관
⑩ **교육청** : 시·도의 교육·학예에 관한 사무를 분장하게 하기 위하여 1개 또는 2개 이상의 시·군 및 자치구를 관할 구역으로 해서 설치된 교육행정기관
⑪ **산림청** : 산림 보호 업무를 담당하는 농림축산식품부 산하기관
⑫ **우체국** : 우편, 예금, 보험 업무를 맡아보는 정부기관
⑬ **출입국·외국인정책본부** : 출입국 심사, 체류 관리, 사회 통합, 국적, 난민 업무 등을 수행하는 곳
⑭ **공정거래위원회** : 독점 및 불공정거래에 관한 사안을 심의·의결하기 위해 설치한 기관으로서, 공정거래 관련 사건을 처리하는 역할을 담당

⑮ 선거관리위원회 : 선거와 국민투표의 공정한 관리, 정당 및 정치자
금에 관한 사무를 처리하기 위하여 설치된 국가기관

⑯ 대한법률구조공단 : 경제적으로 어렵거나 법을 잘 모르기 때문에
법의 보호를 충분히 받지 못하는 사람들에게 법률 서비스를 제공하
는 기관

⑰ 등기소 : 부동산에 관한 등기를 담당하는 기관

⑱ 방송통신위원회 : 방송과 통신에 관한 정책 수립과 규제 및 이용자
보호 등의 업무를 관장하는 대통령 직속 기구

2. 증명서

① 외국인등록증 : 외국인 신분을 보장하기 위해 주소지 관할 출입국·
외국인청 또는 출입국·외국인사무소에서 등록절차를 통해 발급하
는 문서

② 운전면허증 : 면허 소지자가 도로에서 자동차 혹은 특수 장비를 운
전할 수 있음을 증명하는 공문서

③ 이력서 : 취직 과정에서 직업에 필요한 개인의 경력이나 능력을 기
록하여 취직하려는 사업체에 제출하는 문서

④ 자격증 : 전문성을 증명해 주는 일정한 자격을 인정해 주는 증서

⑤ 여권 : 국제적으로 통용되는 신분증과 같은 것으로 외국을 여행하
고자 하는 자가 발급받는 증명서

⑥ 주민등록증 : 대한민국 국민으로서 국내에 주소를 두고 거주하는
주민임을 증명하는 증명서

3. 기초 생활 질서와 생활 법률

① 대중교통(버스, 전철 등) 관련 질서와 법률

　　㉠ 대중교통을 기다릴 때 줄을 서서 기다린다.

　　㉡ 무리하게 승차하지 않고 차례차례 승차한다.

ⓒ 승객이 먼저 내린 뒤 나중에 승차한다.

ⓡ 어르신, 임산부, 어린아이 동반고객, 장애인, 몸이 불편하신 분 등 교통약자에게 자리를 양보한다.

ⓜ 휴대전화는 진동으로, 통화는 작은 소리로 한다.

ⓗ 무단횡단이나 무임승차를 하지 않는다.

ⓢ 다리 모아 앉고, 차내에서 뛰거나 큰 소리로 이야기하지 않는다.

ⓞ **교통법규** : 사람이나 차가 길을 오갈 때 지켜야 할 사항을 정한 법령 및 규칙이다.

ⓩ **범칙금** : 범죄처벌법·도로교통법규 등을 범하거나 위반했을 때 부과하는 벌금이다.

ⓣ **안전벨트** : 자동차·비행기 따위에서, 사고 시 충격으로부터 보호하기 위하여 사람을 좌석에 고정하는 띠이다.

ⓚ **어린이 보호구역** : 교통사고의 위험으로부터 어린이를 보호하기 위해 자동차 등의 통행속도를 제한하는 구역이다.

② **공공장소에서 지켜야 할 기초 생활 질서**

ㄱ 쓰레기는 함부로 버리지 않는다.

ㄴ 영화관이나 박물관, 전시관 등에서는 큰 소리로 떠들지 않으며, 사진을 찍지 않는다.

ㄷ 담배를 피울 수 없는 금연구역에서는 담배를 피우지 않는다.

ㄹ 음식을 해먹을 수 없는 장소에서는 음식을 해먹지 않는다.

ㅁ 공원이나 산에서 나무나 꽃을 꺾는 등의 자연을 훼손하는 행동을 하지 않는다.

ㅂ 식당에서는 너무 큰 소리로 떠들어서는 안 되며, 어린아이들이 뛰어다니며 떠들어서는 안 된다.

ㅅ 외출할 때 애완견을 데리고 갈 경우 목줄을 채우고, 배변봉투를 챙겨야 한다.

③ 쓰레기 배출 방법

ㄱ 일반 쓰레기 : 쓰레기 종량제봉투에 담아서 정해진 날, 정해진 시간에 지정된 장소에 내놓는다.

ㄴ 음식물 쓰레기 : 음식물 쓰레기 종량제봉투에 담아서 정해진 날, 정해진 시간에 지정된 장소에 내놓는다.

ㄷ 재활용 쓰레기 : 재활용 쓰레기는 정해진 날, 정해진 시간에 지정된 장소에 내놓는다. 다만, 특별히 쓰레기봉투는 사용하지 않는다.

ㄹ 대형 폐기물 : 대형 전자제품이나 가구류 등 대형 폐기물은 주민센터에 신고하고, 폐기물 스티커를 발부받아 폐기물에 붙여서 지정된 장소에 내놓는다.

④ 응급 상황별 신고전화

ㄱ 119 : 화재나 응급 환자 발생 시

ㄴ 112 : 도둑이나 교통사고 등 사고·범죄 발생 시

ㄷ 118 : 인터넷상에서의 범죄 발생 시

ㄹ 122 : 해양사고 발생 시

⑤ 한국의 인물

ㄱ 김대중 대통령 : 대한민국 대통령으로는 처음으로 남북정상회담을 성사시켜 남북평화와 세계평화에 이바지한 공로로 노벨평화상을 수상

ㄴ 반기문 유엔 사무총장 : 한국인 최초의 전 유엔 사무총장

KIIP 핵심 유형 익히기

01 사기나 폭행, 강도와 같은 범죄피해를 입었을 때와 교통사고가 났을 때, 또는 이를 목격한 때에 필요한 공공기관은 무엇입니까?

> **답변** 경찰서입니다.

02 대한민국의 각종 통계에 관한 사무를 관장하는 공공기관은 무엇입니까?

> **답변** 통계청입니다.

03 징집·소집 등 국가의 병무행정을 관장하는 공공기관은 무엇입니까?

> **답변** 병무청입니다.

04 법률지식이 부족하면서도 경제적으로 어려워 법적 보호를 제대로 받지 못하는 국민에게 법률적 지원을 해주기 위해 설립된 기관은 무엇입니까?

> **답변** 대한법률구조공단입니다.

05 화재 예방·진압 등의 소방업무를 수행하는 일선 행정기관은 무엇입니까?

답변 소방서입니다.

06 대기를 관측하고 예보하기 위해 설립된 기관은 무엇입니까?

답변 기상청입니다.

07 특별시·광역시·도 단위 및 1개 또는 2개 이상의 시·군 및 자치구에 각각 두는 지방교육행정기관은 무엇입니까?

답변 교육청입니다.

08 우편업무를 맡아보는 정부기관은 무엇입니까?

답변 우체국입니다.

09 지역의 공중보건 향상 및 증진을 도모하기 위해 설립된 공공기관은 무엇입니까?

답변 보건소입니다.

10 내외국인의 출입국 관리에 관한 사무를 관장하는 공공기관은 무엇입니까?

답변   출입국관리사무소입니다.

11 독점 및 불공정거래에 관한 사안을 심의·의결하기 위해 설립된 공공기관은 무엇입니까?

답변   공정거래위원회입니다.

12 선거와 국민투표의 공정한 관리 및 정당에 관한 사무를 관장하는 공공기관은 무엇입니까?

답변   선거관리위원회입니다.

13 방송위원회의 방송 정책 및 규제, 정보통신부의 통신서비스 정책과 규제를 맡아보는 정부기관은 무엇입니까?

답변   방송통신위원회입니다.

14 국내에 체류 중인 외국인 신분을 보장하기 위해 발급하는 문서는 무엇입니까?

답변   외국인등록증입니다.

15 일정한 자격을 구비한 자에 한하여 자동차, 모터사이클, 선박, 항공기 등의 운전을 할 수 있게 하는 허가증은 무엇입니까?

답변 운전면허증입니다.

✪
16 취직을 위해서 자신의 학력·경력 등을 적은 서류를 무엇이라고 합니까?

답변 이력서입니다.

17 특정 분야의 일정한 전문성 혹은 전문가 자격을 공식적으로 인정해 주는 증서를 무엇이라고 합니까?

답변 자격증입니다.

18 소지자의 국적 등 인적사항을 기재한 신분증명서로서 외국인이 반드시 휴대하여야 하는 증명서는 무엇입니까?

답변 여권입니다.

19 국내에 주소를 두고 거주하는 대한민국 국민이 국내에 주소를 두고 거주하는 것을 증명하는 증명서를 무엇이라고 합니까?

답변 주민등록증입니다.

✪ 20 더불어 사는 사회에서 내가 실천할 수 있는 기초 생활 질서는 무엇이 있는지 이야기해 보세요.

답변 각자 상황에 맞게 답변한다.
- 신호등이 빨간불이면 아무리 바빠도 건너지 않는다.
- 공연 관람 중에 떠들지 않는다.
- 공원에 놀러가서 놀고 난 후 내가 사용하고 남은 쓰레기는 내가 가져온다.
- 종량제봉투를 구입하여 일반 쓰레기를 담아 버린다.
- 쓰레기는 종류별로 분리해서 버린다.

✪ 21 쓰레기를 아무 데나 버리는 것이 허용됩니까?

답변 쓰레기는 반드시 종량제봉투에 담아 지정된 장소에 버려야 하며, 음식물, 플라스틱, 종이, 유리 등을 분리수거해야 합니다.

✪ 22 친구들과 함께 공원에 놀러갔는데, 쓰레기를 버릴 데가 없으면 어떻게 하실 건가요?

답변 쓰레기통이 없을 때는 집으로 가져가서 버려야 합니다.

✪ 23 밤 12시 넘어서 가족 중 한 사람이 크게 노래를 부릅니다. 어떻게 해야 합니까? 그 이유는 무엇입니까?

> 답변 노래를 부르지 못하게 해야 합니다. 이웃 사람들이 밤에 잠을 자는 데 방해가 되기 때문입니다.

✪ 24 경복궁, 덕수궁과 같은 고궁이나 유적지에 놀러가서 고기를 구워 먹어도 된다고 생각합니까?

> 답변 안 됩니다.

25 길을 걸을 때는 왼쪽으로 걷나요? 오른쪽으로 걷나요?

> 답변 오른쪽으로 걷습니다.

26 당신이 직접 운전해서 집을 가야 하는데 술을 마셨다면 어떻게 집에 돌아가겠습니까?

> 답변 대중교통을 이용해서 가거나 대리운전을 이용합니다.

27 가게에서 물건을 사고 거스름돈을 받았는데, 내가 받아야 할 돈보다 더 많이 받았습니다. 어떻게 해야 합니까?

답변 더 받은 돈을 가게 점원에게 말하고 돌려주어야 합니다.

28 밤늦게 도둑이 집 안에 들어왔을 때 어디에 전화해야 합니까? 전화번호는 몇 번입니까?

답변 경찰서에 전화해야 합니다. 전화번호는 112입니다.

29 집에 불이 났을 때 몇 번으로 전화해야 합니까?

답변 119입니다.

30 학교에서 돌아올 시간이 넘었는데도 아이가 집에 안 들어오고 여기저기 찾아봐도 없을 때는 어떻게 해야 합니까?

답변 경찰서(112번)에 신고해야 합니다.

31 길에서 의식을 잃고 쓰러진 사람을 봤을 때 몇 번으로 전화해야 합니까?

답변 119입니다.

32 긴급전화 112와 119의 차이에 대해서 말해 보세요.

> 답변   112는 범죄 관련 신고전화이고, 119는 화재·구조·응급의료 신고전화입니다.

33 쓰레기를 버릴 때 사용하는 봉투는 무엇입니까?

> 답변   종량제봉투입니다.

✪ 34 응급 상황에 이용하는 신고전화에 대해 말해 보세요.

> 답변   119 : 화재나 응급 환자 발생 시
> 112 : 도둑이나 교통사고 등 사고·범죄 발생 시
> 118 : 인터넷상에서의 범죄 발생 시
> 122 : 해양사고 발생 시

✪ 35 한국의 쓰레기 배출 방법에 대해 말해 보세요.

> 답변   • 일반 쓰레기, 음식물 쓰레기, 재활용 쓰레기, 대형 폐기물로 분류하여 정해진 시간에 지정된 장소에 내놓습니다.
> • 대형 폐기물은 스티커를 발부받아 곁에 붙여서 배출합니다.

36 대한민국 대통령으로는 처음으로 남북정상회담을 성사시켜 남북평화와 세계 평화에 이바지한 공로로 노벨평화상을 수상한 사람은 누구입니까?

답변 김대중 대통령입니다.

37 한국인 최초의 유엔 사무총장은 누구입니까?

답변 반기문 유엔 사무총장입니다.

귀화
면접
심사

읽기와 말하기

귀화
면접심사

읽기와 말하기

 한국의 음식

[01~02] 다음 글을 읽고 질문에 답하여 주십시오.

이 음식의 재료는 닭, 인삼, 마늘, 밤, 대추, 쌀 등입니다.
이 음식을 만드는 법은 우선 닭 안에 인삼, 마늘, 밤, 대추, 쌀을 넣습니다. 그리고 물을 넣고 끓입니다. 국물도 있습니다. 국물이 뜨겁습니다. 그리고 맵지 않습니다. 한국 사람들은 이것을 여름에 많이 먹습니다. 이것은 맛있습니다. 그리고 건강에 아주 좋습니다. 그래서 한국 사람들은 이것을 아주 좋아합니다.

01 (가) 이 음식의 이름은 무엇입니까?

답변　이 음식의 이름은 삼계탕입니다.

(나) 한국 사람들은 왜 이 음식을 좋아합니까?

답변　삼계탕은 맛있고 건강에 아주 좋기 때문에 한국 사람들이 좋아합니다.

(다) 이 음식의 재료는 무엇입니까?

답변　이 음식의 재료는 닭, 인삼, 마늘, 밤, 대추, 쌀 등입니다.

02 (가) ○○ 씨 나라의 대표적인 음식 중 한 가지를 선택하여 조리법에 대해 말해 보세요.

(나) 한국의 조리법과 큰 차이점에 대해 말해 보세요.

한국의 결혼 풍습

[01~02] 다음 글을 읽고 질문에 답하여 주십시오.

한국의 결혼 풍습에 대해 설명하겠습니다.

결혼식이 다가오면 신랑 집에서 신부 집으로 '함'을 보냅니다. '함' 속에는 신부를 위한 예물, 옷감 등이 들어 있습니다. 결혼식에는 많은 하객들이 와서 결혼을 축하해 줍니다. 하객들은 축하의 뜻으로 보통 축의금을 냅니다. 결혼식이 끝나면 신부는 신랑과 함께 시댁 식구들에게 폐백을 드립니다. 폐백은 전통 혼례복을 입고, 시댁 어른들께 큰절을 올리고, 이때 시부모님은 아이를 많이 낳고 잘 살라는 의미로 대추, 밤 등을 신부 치마에 던져 줍니다. 그 후 하객들을 위한 피로연을 하고 신랑과 신부는 신혼여행을 떠납니다.

01 **(가) 함은 신랑, 신부 어느 쪽에서 보냅니까?**

> 답변 함은 신랑 쪽에서 보냅니다.

(나) 함 속에는 주로 무엇을 넣어 보냅니까?

> 답변 신부를 위한 예물, 옷감 등을 넣어 보냅니다.

(다) 결혼 의식 중 하나인 폐백은 무엇입니까?

> 답변 폐백은 전통 혼례복을 입고, 시댁 어른들께 큰 절을 올리는 것입니다. 이 때 시부모님은 아이를 많이 낳고 잘 살라는 의미로 밤, 대추 등을 신부의 치마에 던져 줍니다.

02 **○○ 씨 나라의 결혼 풍습을 한국의 경우와 비교하여 말해 보세요.**

🖊 한국의 가족

[01~02] 다음 글을 읽고 질문에 답하여 주십시오.

한국 사람들이 가족을 소중하게 생각하는 것은 옛날이나 지금이나 마찬가지입니다. 그렇지만 가족의 모습은 많이 달라졌습니다.

전통적으로 한국에서는 아들이 결혼한 후에도 부모님을 모시고 살았기 때문에 한 집에 할아버지, 할머니부터 손자, 손녀까지 3대가 같이 사는 대가족의 형태였습니다. 전통적인 대가족은 아버지가 가장이 되어 가족을 책임지고, 어머니는 집에서 가사를 전담했으며, 가족모두 아버지에게 복종하는 가부장적인 분위기였습니다. 그리고 가족을 이어가는 것은 남자라고 생각해서 아들을 선호했습니다.

이에 반해 요즘은 결혼하지 않은 자녀와 부모, 이렇게 2대가 같이 생활하는 핵가족의 형태가 가장 많습니다. 결혼하기 전까지만 부모와 같이 살고, 결혼을 하면 대부분 부모한테서분가하기 때문입니다. 이런 핵가족의 특징은 부부가 중요한 일을 함께 결정하고 가사를 분담하며 아들과 딸을 차별하지 않는다는 점입니다. 이는 맞벌이 부부가 많아지면서 가족과사회에서의 여자의 역할이 커졌기 때문이라고 할 수 있습니다.

01 **(가) 결혼하지 않은 자녀와 부모, 이렇게 2대가 함께 생활하는 가족 형태를 무엇이라고 합니까?**

> 답변 결혼하지 않은 자녀와 부모, 이렇게 2대가 함께 생활하는 가족 형태를 핵가족이라고 합니다.

(나) 핵가족의 특징은 무엇입니까?

> 답변 부부가 중요한 일을 함께 결정하며, 가사를 분담합니다. 또한, 자녀의 성별에 따라 차별하지 않는 특징이 있습니다.

02 **(가) ○○ 씨 나라의 전통적인 가족 형태에 대해 말해 보세요.**

(나) ○○ 씨 나라의 가족 구성원 중 아버지, 어머니의 역할에 대해 말해 보세요.

한국의 결혼식과 장례식

[01~02] 다음 글을 읽고 질문에 답하여 주십시오.

> 축의금과 조의금
> 한국 사람들은 결혼식을 주로 예식장, 호텔 또는 교회나 성당에서 한다. 결혼식에 온 하객들은 축하하는 뜻으로 신랑 댁, 신부 댁에 돈을 내는데 이를 '축의금'이라고 한다. 축의금은 보통 하얀 봉투에 돈을 넣어 개인적으로 내지만, 직장 동료인 경우에는 함께 모아서 내기도 한다. 일반적으로 봉투에 "祝(축) 華婚(화혼)"이라고 적는다.
> 한국 사람들은 장례식을 주로 장례식장에서 한다. 빈소를 방문한 사람들은 위로의 뜻으로 돈을 내는데 이를 '조의금'이라고 한다. 조의금은 보통 하얀 봉투에 돈을 넣어 봉투 겉면에 "賻儀(부의)"라고 적는다.

01 (가) 결혼식에서 축하의 의미로 전달하는 것을 무엇이라고 합니까?

> **답변** 결혼식에서 축하의 의미로 전달하는 것을 축의금이라고 합니다.

(나) 장례식에서 위로의 의미로 전달하는 것을 무엇이라고 합니까?

> **답변** 장례식에서 위로의 의미로 전달하는 것을 조의금이라고 합니다.

02 (가) ○○ 씨 나라에도 결혼식의 절차나 특별한 의례가 있을 것입니다. 그것에 대해 한국과 비교하여 말해 보세요.

(나) ○○ 씨 나라에도 장례식의 절차나 특별한 의례가 있을 것입니다. 그것에 대해 한국과 비교하여 말해 보세요.

📝 한국의 직장 생활

[01~02] 다음 글을 읽고 질문에 답하여 주십시오.

한국은 2004년 '주 5일 근무제'를 시작하였다. 물론 지금도 토요일에 근무하는 회사도 있지만, 대다수의 회사들은 월요일부터 금요일까지 주 5일 근무를 한다. 근무 시간은 보통 오전 9시부터 오후 6시까지이지만 밤늦게까지 근무하는 경우가 많다.

한국의 직장에서는 직함에 따라 수직 관계가 분명하지만 직함과 나이에 상관없이 서로 존댓말을 사용하며 개인적으로 친해져도 직장 안에서는 '대리님, 과장님'과 같은 직함을 호칭으로 사용한다. 또한 오랜 시간을 함께 일하는 만큼 직장 안에서의 대인 관계를 중요하게 생각하는데 그래서 직장 동료, 상사와의 점심 식사와 회식을 중요하게 생각한다.

01 **(가) 한국의 직장에서는 어떤 호칭을 사용합니까?**

> 답변 한국의 직장에서는 '대리님', '과장님'과 같은 직함을 호칭으로 사용합니다.

(나) 한국의 일반적인 근무 일수는 며칠입니까?

> 답변 한국에서는 일반적으로 일주일에 5일 근무를 합니다.

02 **○○ 씨 나라의 직장의 근무 형태에 대해 말해 보세요.**

한국의 예절

[01~02] 다음 글을 읽고 질문에 답하여 주십시오.

> 한국 사람들은 전통적으로 예의범절을 중시해 왔다. 오늘날은 과거에 비해서 그러한 전통이 약해졌지만 그래도 여전히 한국 사회에 중요한 문화로 남아 있다.
>
> 예를 들어 한국에서는 나이가 어린 사람은 나이가 많은 사람 앞에서는 담배를 피우지 않고, 나이가 많은 사람이 술을 따라주면 두 손으로 잔을 들어 받는다. 식사 때에는 어른이 수저를 들어야 식사를 시작하고, 먼저 식사를 시작하지 않는다. 또한 버스나 지하철에서 나이가 많은 사람에게 자리를 양보하기도 한다. 자녀들은 취직하여 첫 월급을 받으면 부모님께 감사하는 의미로 속옷을 선물하는 관습도 있다. 외국인이 한국어를 배울 때 가장 큰 어려움 중 하나가 높임말이다. 이 높임말도 예의를 중시하는 한국 문화와 관련이 깊다.

01 **(가) 한국 사회에서 어른에 대한 예의범절 두 가지만 예를 들어 보세요.**

> 답변
> • 어른 앞에서는 담배를 피우지 않고, 술을 받을 때 두 손으로 잔을 들어 받습니다.
> • 식사할 때는 어른이 먼저 수저를 들어야 함께 식사를 시작합니다.

(나) 한국 사회에서 자녀들이 취직하여 첫 월급을 탔을 때 하는 관습은 무엇입니까?

> 답변
> 첫 월급을 받으면 부모님께 감사하는 의미로 속옷을 선물하는 관습이 있습니다.

02 **○○ 씨 나라의 독특한 풍습에 대해 말해 보세요.**

Chapter 02

개인 신상 및 기타 질문

01 지원자의 이름을 말해 보세요.

> 답변 제 이름은 ○○○입니다.

02 지원자의 본래 살던 국가와 고향은 어디인지 말해 보세요.

> 답변 제가 살던 나라는 ○○○로 ○○○에서 생활했습니다.

03 지원자가 고향에서 다닌 학교는 무엇입니까?

> 답변 저는 고향 ○○○에서 ○○○ 학교를 다녔습니다.

04 지원자 남편(아내)의 이름을 말해 보세요.

> 답변 제 남편(아내)의 이름은 ○○○입니다.

05 지원자 남편(아내)의 직업은 무엇인지 말해 보세요.

답변 제 남편(아내)의 직업은 ○○○입니다.

06 지원자 남편(아내)의 생년월일을 말해 보세요.

답변 제 남편(아내)의 생년월일은 ○○○○년 ○○월 ○○일입니다.

07 지원자 부모님의 성함을 말해 보세요.

답변 제 아버지의 성함은 ○○○이고, 제 어머니의 성함은 ○○○입니다.

08 지원자 자녀는 몇 살이며, 이름은 무엇인지 말해 보세요.

답변 제 아들(딸)의 이름은 ○○○이며, ○○살입니다.

09 지원자의 가족 관계와 가족 수가 몇 명인지 말해 보세요.

답변 저와 남편, 그리고 아들 ○명, 딸 ○명으로 모두 ○명입니다.

10 지원자는 남편(아내)을 어떻게 만나게 되었는지 말해 보세요.

　　답변　저는 남편(아내)을 ○○○ 소개로 만났습니다.

11 지원자는 한국에서 몇 년 동안 생활했는지 말해 보세요.

　　답변　저는 한국에서 생활한 지 ○년 정도 됩니다.

12 한국에서 생활하는 가운데 가장 힘든 점이 있다면 말해 보세요.

　　답변　제가 한국 생활에서 가장 어려운 점은 ○○○입니다.

13 지원자는 한국에 친한 사람이 있다면 누구인지 말해 보세요.

　　답변　제가 자주 만나는 사람은 ○○○입니다.

14 지원자 ○○○ 씨가 한국에서 하시는 일은 무엇입니까?

　　답변　저는 한국에서 ○○○에 근무하고 있습니다.

15 지원자는 평소 주말에 무엇을 하며 지내는지 말해 보세요.

> 답변 저는 주말에 가족들과 ○○○을 하며 지내고 있습니다.

16 지원자가 한국에 와서 좋은 점이 있었다면 말해 보세요.

> 답변 저는 한국에 와서 ○○○하게 된 점이 가장 좋았습니다.

17 지원자가 한국 국적을 받으려는 이유에 대해 설명해 보세요.

> 답변 저는 한국 국적을 받아 ○○○과 관련된 일을 하고 싶습니다.

18 지원자가 자주 시청하는 텔레비전 프로그램이 있으면 말해 보세요.

> 답변 제가 좋아하는 프로그램은 ○○○으로, 자주 보고 있습니다.

19 지원자가 가장 맛있다고 생각하는 한국 음식은 무엇입니까?

> 답변 제가 가장 좋아하는 한국 음식은 ○○○으로 자주 해 먹고 있습니다.

20 지원자가 잘하는 한국 음식은 무엇입니까?

> **답변** 저는 한국 음식 중에 ○○○를 잘합니다.

21 평소 지원자가 장보기를 하는 곳은 어디인지 말해 보세요.

> **답변** 저는 평소 ○○○에서 생활에 필요한 물품들을 구입하고 있습니다.

22 지원자가 자주 이용하는 교통수단은 무엇인지 말해 보세요.

> **답변** 저는 평소 ○○○을 이용하고 있습니다.

23 지원자가 한국에 와서 가 본 곳 중 가장 인상 깊은 곳을 말해 보세요.

> **답변** 제가 가 본 곳 중 가장 좋았던 곳은 ○○○입니다.

24 혹시 고향에서 가족(친구)이 한국에 놀러 오면 같이 가고 싶은 곳은 어디인가요?

> **답변** 고향의 가족(친구)들에게 가족들과 함께 갔던 ○○○을 함께 가고 싶습니다.

25 현재 대한민국 대통령의 이름을 안다면 말해 보세요.

  답변 현재 한국 대통령의 이름은 ○○○입니다.

26 지원자는 한국의 사계절 중 어느 계절을 좋아합니까?

  답변 저는 사계절 중 ○○을 제일 좋아합니다.

★ 우리나라의 화폐

● 지폐

▲ 천 원 – 퇴계 이황

▲ 오천 원 – 율곡 이이

▲ 만 원 – 세종대왕

▲ 오만 원 – 신사임당

● 동전

1원	▲ 무궁화	5원	▲ 거북선
10원	▲ 다보탑	50원	▲ 벼이삭
100원	▲ 이순신	500원	▲ 학(두루미)

법무부
주관 | 공인 교재 반영

최신
개정판

귀화 면접심사
[대한민국 국적취득]

발 행	2025년 4월 10일
편 저 자	귀화시험연구소
발 행 인	최현동
발 행 처	신지원
주 소	07532 서울특별시 강서구 양천로 551-17, 813호(가양동, 한화비즈메트로 1차)
전 화	(02) 2013-8080
팩 스	(02) 2013-8090
등 록	제16-1242호
교재구입문의	(02) 2013-8080~1

정가   15,000원
ISBN   979-11-6633-533-4 13300